Norman Wolf

WENN DIE PAUSE ZUR HÖLLE WIRD

Norman Wolf

WENN DIE PAUSE ZUR HÖLLE WIRD

Wie du dich gegen Mobbing stärkst und Selbstvertrauen gewinnst

mvgverlag

Bibliografische Information der Deutschen Nationalbibliothek
Die Deutsche Nationalbibliothek verzeichnet diese Publikation in der Deutschen Nationalbibliografie.
Detaillierte bibliografische Daten sind im Internet über https://dnb.de abrufbar.

Für Fragen und Anregungen
info@m-vg.de

Einige Namen und Erfahrungsberichte wurden geändert, um die Persönlichkeitsrechte der Beteiligten zu wahren.

Originalausgabe
4. Auflage 2026

Türkenstraße 89
80799 München
Tel.: 089 651285-0

Redaktion: Caroline Draeger
Umschlaggestaltung: Karina Braun
Umschlagabbildung: Shutterstock.com/Xana_UKR
Layout: Ortrud Müller, Die Buchmacher – Atelier für Buchgestaltung, Köln
Satz: Ortrud Müller, Die Buchmacher – Atelier für Buchgestaltung, Köln
Druck: Florjancic Tisk d.o.o., Slowenien
Printed in the EU

ISBN Print 978-3-7474-0283-2
ISBN E-Book (EPUB, Mobi) 978-3-96121-638-3

INHALT

FÜR MEIN
ZWÖLFJÄHRIGES ICH.
DU BIST GUT SO,
WIE DU BIST.

ICH BIN WÜTEND

Mit zwölf war ich übergewichtig, trug Schuhe mit Klettverschluss und sammelte Pokémon-Karten. Ich war das perfekte Mobbing-Opfer. Ich wurde als »Fettsack« beschimpft, als »Baby« und »Hurensohn«. Ich wurde auf dem Pausenhof ausgezogen, damit alle sehen konnten, dass ich ein Unterhemd trug. Man hat sich über meinen Vater lustig gemacht, weil er arbeitslos war, und über meine Mutter, weil sie als Putzfrau arbeitete. Mir wurden meine Sachen abgenommen, versteckt, weggeschmissen, angezündet und zerstört. Ich wurde festgehalten, geschlagen, gekratzt, geschubst und getreten. Ich habe das drei Jahre lang ausgehalten, bevor der erste Suizidgedanke kam. Ich habe um Hilfe gebeten, mehrfach, gefleht, aber nein, die »wollen dich nur ein bisschen ärgern«, sagte man mir.

Ich habe eine ganze Liste von Sätzen, die Lehrer*innen zu mir gesagt haben, wenn ich ihnen erzählte, dass ich gemobbt werde. Von »Das müsst ihr unter euch klären« über »Wenn du sie ignorierst, hören sie irgendwann damit auf« bis hin zu »Du musst dich besser integrieren« war alles dabei. Ich habe das für mich immer so übersetzt: »Das ist dein Problem und ich habe dafür wirklich keine Zeit.« Heute sage ich: Danke für nichts.

Jede*r sechste Jugendliche, die*der Mobbing erfährt, ist bereits als junge*r Erwachsene*r depressiv. Jede dritte Depression in diesem Alter ist Folge von Mobbing. Schüler*innen, die gemobbt werden, verletzen sich doppelt so häufig selbst, denken viermal so oft über Suizid nach.

Ich bin wütend. Darüber, dass mich niemand ernst genommen hat. Dass jede*r das Problem an mich zurückgeschoben hat, obwohl ich damit offensichtlich überfordert war. Dass ich noch heute – mit siebenundzwanzig Jahren – unter den Folgen des Mobbings leide. Und dass es Hunderttausenden von Kindern, Jugendlichen und Erwachsenen in Deutschland genauso geht. Ich habe mir damals doch nur jemanden gewünscht, der mich ernst nimmt und der mir ein wenig von der Last von den Schultern hebt. Doch mir wurde immer nur das Gefühl gegeben, selbst an allem schuld zu sein und andere mit meinem Leid zu belästigen.

Ich sage dir jetzt etwas, weil ich glaube, dass du es zu selten hörst: Du bist wichtig. Dein Wohlbefinden ist wichtig und daher sind es auch deine Probleme. Das, was dir geschieht, was dir angetan wird, ist nicht in Ordnung. Ich nehme dich ernst. Hier wirst du ernst genommen. Keine halbherzigen Ausreden mehr, jetzt reden wir Klartext.

An einem Sommerabend schlief ich ein
und wünschte mir, dass die Welt beim
Aufwachen eine andere wäre.

Als ich am Morgen die Augen aufmachte,
war die Welt noch dieselbe.

BENJAMIN ALIRE SÁENZ

1

MOBBING IST NICHT ÄRGERN

1.1 WIR MACHEN DAS, WEIL DU DU BIST

Ein wenig habe ich mich ja gerade schon vorgestellt. Mich und mein Aussehen. Denn so war ich nun einmal als Kind: Ich hatte Übergewicht, trug eine Brille und jeden Tag ein Unterhemd, weil ich Probleme mit den Nieren hatte. Ich mochte Pokémon (viel zu lange, meinten meine Mitschüler*innen). Ich hatte Schuhe mit Klettverschluss, weil es mir immer noch schwerfiel, eine Schleife zu binden. Ich war schüchtern (na gut, das bin ich heute noch). Ich hatte empfindliche Haut. Wann immer ich mich gekratzt habe, wurde die Stelle sofort rot. Zugegeben: Ich war vielleicht nicht der coolste Junge auf der Welt.

»Wir machen das, weil du du bist«, sagten meine Mitschüler*innen, als ich sie unter Tränen nach einer Erklärung für das Mobbing bat. Wir saßen im Kunstunterricht und sie hatten gerade dreckiges Pinselwasser über mein Bild geschüttet. Es war mal ein Sonnenuntergang gewesen, den ich zusammen mit meinem Opa angefertigt hatte. Jetzt war das Werk ruiniert. Ich weinte und schrie sie an: »Warum macht ihr das?« Ich hatte mir gewünscht, dass sie mir einen konkreten Grund geben würden. Etwas, mit dem ich was anfangen konnte. Ich hatte gehofft, dass ich etwas ändern könnte – egal was –, damit endlich Schluss war. Aber sie haben eine der wenigen Sachen genannt, die ich nicht ändern konnte: dass ich ich war.

Ich bin mir sicher, dass jedes Opfer von Mobbing sich das schon mal gefragt hat. *Warum ausgerechnet ich? Was ist nicht okay mit mir?* Auf Twitter, wo ich oft über Mobbing und meine Erfahrungen damit spreche, habe ich genau diese Frage gestellt: »Ich wurde gemobbt, weil ich dick und schüchtern war. Wofür wurdet ihr gemobbt?«

Das waren die Antworten:

- *Weil ich introvertiert war. Weil ich mich lieber im Hintergrund aufgehalten und mich nicht jedem Menschen geöffnet habe. (Adrianna S.)*
- *Ich hatte eine Kassenbrille von der AOK. (Andreas P.)*
- *Für die einen war ich zu deutsch, für die anderen nicht deutsch genug. (Hussein Z.)*
- *Weil ich als Mädchen Haare auf den Armen hatte und sehr stark geschwitzt habe. (Luisa E.)*
- *Weil ich schon immer sehr emotional war und viel geweint habe. (Celina B.)*
- *Aufgrund meines Musikgeschmacks. (Torben F.)*
- *Weil ich eine Serie geschaut habe, die »nur für kleine Kinder« sei. (Jonas S.)*
- *Weil ich klein war und Segelohren habe. Sie haben mich »Zwerg« und »Dumbo« genannt. (Feli G.)*
- *Weil die Lehrer mich mochten und ich gute Noten geschrieben habe. (Michael S.)*
- *Ich habe gelispelt, deshalb. (Maria W.)*
- *Dafür, dass mein Vater alleinerziehend und Alkoholiker war. (Jens H.)*
- *Weil ich meine Meinung gesagt habe – das hat schon gereicht. (Max S.)*
- *Weil meine Mutter schwer krank war und es mir deswegen oft nicht gut ging. (Kai J.)*
- *Weil ich schwul bin. Ich war in einen Mitschüler verliebt. Als das rauskam, hatte ich die ganze Klasse gegen mich. (Joachim K.)*
- *Zuerst, weil ich dick war, und später, weil ich mich weigerte, mit dem Atmen aufzuhören. (Julia E.)*
- *Ich habe die falsche Musik gehört, die falschen Hobbys gehabt, die falschen Auffassungen geteilt. Egal, was ich machte, es war falsch. (Elisabeth K.)*

Ob der Musikgeschmack, die großen Ohren oder der arbeitslose Vater. Es gibt keine guten Gründe für Mobbing, keine gerechtfertigten Begründungen. Über tausend Antworten habe ich auf meine Frage bekommen und jede einzelne davon war eine fadenscheinige Ausrede von Täter*innen. Was daraus klar wird:

MOBBING HAT KEIN SYSTEM.

»Egal, was ich machte, es war falsch«, oder: »Für die Mobber*innen bot ich immer eine Angriffsfläche« – so etwas berichten viele. Und das ist der Punkt. Die Frage, die Opfern von Mobbing unentwegt durch den Kopf geistert, dieses »Warum ich?«, ist ganz leicht zu beantworten: Es ist Zufall. Zumindest fast. Denn etwas ist manchmal ausschlaggebend. Eine Eigenschaft reicht aus. Wissenschaftler*innen haben nämlich herausgefunden, dass Schüler*innen mit bestimmten Eigenschaften häufiger Opfer von Mobbing werden. Zum Beispiel solche, die Übergewicht haben oder besonders klein oder groß sind. Schüler*innen sind darunter, die eine Behinderung haben oder einen Migrationshintergrund. Auch Jugendliche, die schwul, lesbisch, bisexuell oder trans* sind, werden öfter gemobbt. Man merkt schnell: Egal ob Aussehen, Behinderung, Ethnie, sexuelle Orientierung oder Geschlechtsidentität, es geht oft darum, dass man ein bisschen anders ist als der Durchschnitt.

Auch Schüler*innen, die besonders ängstlich sind, die ein geringes Selbstwertgefühl haben und sich selbst (das heißt ihre Fähigkeiten, Vorlieben und Eigenschaften) negativ wahrnehmen, sind beliebte Opfer. Das ist vor allem deshalb problematisch, weil Mobbing die Betroffenen noch ängstlicher macht, ihr Selbstwertgefühl weiter mindert und dafür sorgt, dass sie sich selbst noch negativer wahrnehmen. Wer gemobbt wird, wird gleichzeitig zum perfekten Mobbing-Opfer gemacht.

Freund*innen und Familie spielen eine ergänzende Rolle. Kinder, die nur wenig familiären Zusammenhalt erleben, die eine schlechte Beziehung zu ihren Eltern haben oder misshandelt worden sind, werden besonders häufig als Opfer ausgesucht. Man könnte sagen: Denen, die es sowieso schon schwer haben, wird es noch schwerer gemacht. Leichte Opfer sind auch Schüler*innen, die keinen Anschluss finden und daher nur wenige oder keine Freund*innen haben. Weil sie ganz unten in der sozialen Rangordnung stehen und niemand sie verteidigt.

WARUM? Am Ende wirst du nicht gemobbt, weil du irgendwie aussiehst, irgendwie bist oder irgendwas magst. Du wirst gemobbt, weil sie irgendwen mobben *müssen*. Weil sie die Anerkennung brauchen, um sich selbst besser zu fühlen.

WARUM DU? Sie haben herausgefunden, dass es etwas gibt, das dich vom Durchschnitt unterscheidet. Der Rest ist Zufall. Nein, wirklich. Es hätte jede*n treffen können.

»Wir mobben dich, weil du du bist.«
Was macht es mit einer Person, zu erfahren, dass sie selbst das Problem sein soll? Wie kann man etwas verändern, wenn man denkt, die ganze eigene Existenz ist falsch?
Wenn auch du diesen Satz schon mal gehört hast, dann möchte ich dir eins sagen: Du bist nicht das Problem. Sie mobben dich nicht, weil du du bist. Sie mobben dich, weil du nicht (wie) sie bist.

Und eins ist ganz klar: Es ist gut, nicht (wie) sie zu sein. Es ist gut, nicht dem Durchschnitt zu entsprechen.

Menschen sind wertvoll, weil sie unterschiedlich sind, unterschiedlich aussehen, denken und fühlen. Menschen sind spannend, weil sie verschiedene Sachen gut können, sich für verschiedene Themen interessieren. Denn das macht Menschen erst interessant. Wie langweilig wäre das Leben, wenn jede*r wie der*die andere wäre? Es ist gut, besonders zu sein. Alle Menschen, die jemals etwas in der Welt verändert haben, waren besonders: besonders mutig, besonders erfinderisch, besonders einfühlsam. Schämt euch nie dafür, anders zu sein. Das, was euch heute als Außenseiter brandmarkt, macht euch einzigartig. Feiert euch! Es gibt Menschen, die euch dafür lieben werden. Ihr kennt sie nur noch nicht.

Gemobbt werden oft die, die irgendwie anders sind. Die nicht aussehen oder sich verhalten wie alle anderen.
Aber ganz ehrlich: Ich will gar nicht wie alle anderen sein. Ich will ich sein – mit all meinen Ecken und Kanten.
Wir sind einzigartig. Und genau das macht uns wertvoll.

Ist es trotzdem scheiße, dass du gemobbt wirst? Dass der Zufall ausgerechnet dich ausgesucht hat? Ja, klar, ganz ohne Zweifel ist das so. Aber du weißt jetzt zumindest eins: Dich trifft keine Schuld. Du hättest es nicht aktiv verhindern können. Und es würde nicht helfen, dich zu verstellen. Also bleib so, wie du bist. Du bist gut so, wie du bist.

MOBBING IST ZUFALL.

DASS DU GEMOBBT WIRST, HEIßT NICHT, DASS DU WENIGER WERTVOLL BIST. ES HEIßT NUR, DASS DU EIN BISSCHEN ANDERS BIST ALS DER DURCHSCHNITT.

DAS IST GUT!

SIE MOBBEN DICH NICHT,
WEIL DU DU BIST.
SIE MOBBEN DICH,
WEIL DU NICHT (WIE) SIE BIST.

DU BIST GUT SO, WIE DU BIST.

1.2 ALLE GEGEN EINEN

Es ist kurz vor acht, gleich beginnt der Unterricht. Ich zähle die Sekunden, starre die Tür an und hoffe, dass unser Lehrer Herr Frühwirt hereinkommt. Erst dann bin ich sicher. Daniel kommt an meinen Tisch und grinst. Eben hat er sich noch mit Richard unterhalten, der ihm jetzt grinsend hinterhersieht. Mein Herz setzt für eine Sekunde aus. Was passiert jetzt? Ich will das nicht. Wo bleibt Herr Frühwirt?

Daniel lehnt sich an meinen Tisch und schaut auf mich herab. »Du bist da rot am Hals«, zeigt er mit dem Finger. »Ist das ein Knutschfleck?«

Ich fasse mir an die Stelle, auf die er gezeigt hat. Sie ist warm. »Nein«, sage ich kurz.

»Das sieht aber aus wie ein Knutschfleck«, antwortet Daniel. »Hast du eine Freundin?«

»Nein«, sage ich wieder und erkläre: »Meine Haut ist ein bisschen empfindlich. Wenn ich mich kratze, wird sie rot.«

Sofort packt er mich. »Das muss ich ausprobieren!«

Bevor ich realisiere, was passiert, hat er einmal quer über meinen Unterarm gekratzt. Ich will meinen Arm wegziehen, doch er hat ihn fest im Griff. Nach einigen Sekunden färbt die Spur sich langsam rot.

Er lacht laut. »Ey, Richard«, ruft er quer durchs Klassenzimmer. »Komm mal her und guck dir das an. Der Typ ist ein lebendes Malbuch!«

Dann steht auch Richard vor mir. »Was meinst du?«

Daniel erklärt: »Wenn du ihn kratzt, wird er rot. Also wirklich sofort.« Er zeigt ihm die rote Spur, die er auf meinen Unterarm gekratzt hat. »Probier's mal aus.«

Während Daniel mich weiter festhält, kratzt Richard kurze, feste Linien auf meinen Unterarm. Es tut weh. Doch ich schlucke meine Schmerzen runter, um ihnen diese Genugtuung nicht zu geben. Sie sollen denken, dass es mir egal ist. Damit sie das Interesse daran verlieren.

»Krass«, staunt Richard, als mein Arm sich verfärbt.

»Kann man richtige Kunstwerke drauf malen!«

»Ich probier's mal«, lacht Richard und geht um den Tisch herum.

Meine Atmung beschleunigt sich. Ich will mich losreißen und weglaufen, doch Daniels Griff um meinen Arm ist zu fest. Mein Blick wandert durch die Klasse, sucht Kontakt. Die meisten Schüler*innen sind in Gespräche verwickelt. Einige kramen in ihren Taschen nach Stiften und Heften, andere schauen uns zu. Doch niemand tut etwas.

»Ein Kunstwerk muss richtig ausgestellt werden!«, sagt Richard und führt seine Hand an meine Stirn.

Irritiert ziehe ich meinen Kopf weg. Das Herz schlägt mir bis zum Hals. Ich zerre wie wild an meinem Arm, kriege ihn aber nicht los. »Hör auf!«

»Hilf mir mal«, sagt Richard, und dann halten sie mich zu zweit fest. Ich kann meine Arme und meinen Kopf nicht mehr bewegen. Ich kann mich nicht mehr wehren.

»Hört auf!«, schreie ich noch einmal, während Richard mich fest an der Stirn kratzt. Ich trete mit den Füßen wild um mich, treffe aber nur den Tisch. »Lasst mich los!« Mir steigen Tränen in die Augen, ich bin hilflos.

Irgendwann lassen beide von mir ab. Ich vergrabe den Kopf zwischen den Armen. Meine Stirn pocht. Ich weine leise. Erst als die Tür sich öffnet und Herr Frühwirt den Raum betritt, sehe ich auf.

Sofort zeigen Daniel und Richard auf mich und lachen laut.

Auf meiner Stirn prangt ein rotes Hakenkreuz.

Ich habe versucht, mich zu wehren. Mich zu befreien, doch er war stärker als ich. Ich habe versucht wegzulaufen, doch sie waren zu zweit und ich war allein. Das damals, das war kein »Streit« oder »Konflikt« zwischen Kindern. Da hat sich niemand auf gleicher Augenhöhe gestritten. Das war auch kein »Ärgern«. Das war weder spielerisch noch Scherz oder Stichelei. Das war Mobbing.

Mobbing ist nicht »Ärgern«.
Mobbing ist nicht »Streiten«.

Mobbing ist als aggressives Verhalten definiert, bei dem ein Opfer den schädigenden Handlungen eines*einer oder mehrerer Täter*innen ausgesetzt ist. Dabei muss Mobbing nicht unbedingt körperlich sein. Es kann auch verbal (zum Beispiel Beleidigungen), online oder indirekt stattfinden.

Was indirektes Mobbing sein soll? Hier ein Beispiel: Michelle verbreitet das Gerücht, dass Karla sich nicht wäscht. Wann immer Karla nicht da ist, lästert Michelle über sie. Karla und Michelle stehen in einer Gruppe. Michelle nimmt die anderen Mädchen an der Hand und sagt: »Hier stinkt es, oder? Lasst uns woanders reden.«

Indirektes Mobbing heißt so, weil es nicht direkt, sondern hinter dem Rücken des Opfers geschieht. Wer Gerüchte über jemanden verbreitet, über ihn lästert oder ihn ausschließt, schadet ihm nicht direkt, sondern schädigt den Ruf der Person und gefährdet damit ihre sozialen Beziehungen (zum Beispiel Freundschaften, Partnerschaft).

Mobbing ist nicht auf die Schule begrenzt (auch wenn es dort am häufigsten vorkommt). Auch in der Uni oder am Arbeitsplatz kann es zu Mobbing kommen.

Ihr merkt schon: Mobbing hat tausend Formen. Doch drei Aspekte sind immer gleich:

» Die Schädigung passiert mit Absicht.
» Die Handlungen passieren wiederholt und über einen längeren Zeitraum hinweg.
» Zwischen Täter*innen und Opfer herrscht ein Ungleichgewicht der Kräfte.

»Alle gegen einen und einer gegen alle«, lautet die Devise. Die Täter*innen befinden sich in der Machtposition. Das Opfer kann sich nicht wehren, weil es in der Unterzahl oder physisch unterlegen ist. Täter*innen sind meist älter als die Opfer und körperlich überlegen. Viele Opfer sind auch psychisch unterlegen. Durch das Mobbing erleben sie massiven Stress, mit dem sie oft nicht umzugehen wissen. Häufig gipfelt das darin, dass Opfer in einer Mobbing-Situation schreien, weinen oder um sich schlagen, weil sie sich physisch und psychisch nicht mehr zu helfen wissen.

Fest steht: Mobbing ist kein Streit zwischen zwei Personen auf Augenhöhe, der durch eine konstruktive Diskussion gelöst werden kann. Im Klartext bedeutet das: Das Opfer kann sich nicht mehr selbst helfen. Es muss Hilfe von außen erfolgen, um die Situation zu beenden.

- **Mobbing ist nicht »Ärgern« oder »Streiten«.**
- **Mobbing muss nicht körperlich sein. Es kann auch verbal, online oder indirekt stattfinden.**
- **Ein Ungleichgewicht der Kräfte verhindert, dass Schüler*innen, die Mobbing erfahren, sich angemessen wehren oder selbst aus ihrer Lage befreien können.**

DAS MÜSST IHR UNTER EUCH KLÄREN

Liebe Lehrer*innen,

bitte weist die Hilfsgesuche eurer Schüler*innen nicht mit Sätzen wie »Das müsst ihr unter euch klären« ab. Das ist unsinnig, wenig einfühlsam und ignorant.

Mobbing ist kein kleiner Streit unter Freund*innen, den man einfach so beilegen kann. Beim Mobbing ist das Kräftegleichgewicht verschoben: Alle gegen einen. Mobbing definiert sich ja gerade durch dieses Ungleichgewicht der Kräfte. Die betroffenen Schüler*innen können es nicht unter sich klären. Sie können es nicht allein schaffen.

Deswegen suchen sie Hilfe bei euch oder einem*einer anderen Erwachsenen, weil sie nicht mehr allein mit der Situation klarkommen. Sie überwinden sich, euch von dieser massiv belastenden Situation zu erzählen. Also schickt sie nicht weg und sagt: »Ich kann dir dabei nicht helfen.« Wo soll ein Kind denn hin, wenn ihr es wegschickt? Woher soll die Hilfe kommen?

Ganz ernsthaft: Das Klassenzimmer ist nicht die Wildnis, wo das Recht des Stärkeren gilt. Wenn ein Kind sich nicht wehren kann, weil es physisch schwach ist oder niemand zu ihm hält, darf man es nicht sich selbst überlassen. Diese Schüler*innen sind eure Schutzbefohlenen, also beschützt sie auch!

Stellt euch vor, ihr beobachtet einen Überfall. Würdet ihr dann auch sagen: »Das müsst ihr unter euch klären?« Nein! Ihr würdet die Polizei rufen. Auch Mobbing ist Unrecht, das genauso ernst genommen werden muss und euer Eingreifen verlangt.

Wenn also das nächste Mal ein*e Schüler*in mit ihrem*seinem Anliegen zu euch kommt, probiert stattdessen einen der folgenden Sätze aus:

- *Danke, dass du mir das anvertraut hast.*
- *Ich nehme das sehr ernst.*
- *Dein Wohlbefinden ist mir wichtig.*
- *Lass uns gemeinsam an einer Lösung arbeiten.*

Danke!

1.3 ES HÖRT NICHT AUF

Das Schlimmste am Mobbing ist, dass die Gemobbten keine Ahnung haben, wann es wieder aufhört. Dass sie nicht wissen, ob es Tage, Wochen oder Jahre andauern wird. Sie sehen keine Zielgerade vor sich, bis zu der sie durchhalten müssen. Sie können sich keine Kreuze in den Kalender machen, um die verbleibenden Tage zu zählen.

»Warum hört es nicht auf?« ist die nächste quälende Frage. Um sie zu verstehen, müssen wir uns jedoch zuerst mit einer anderen Frage beschäftigen: »Warum fängt es überhaupt an?«

WARUM FÄNGT ES ÜBERHAUPT AN?

Die typischen Täter*innen sind selbstsicher und kaum ängstlich. Sie streben nach Macht und Kontrolle und schrecken nicht vor Gewalt zurück. Und am wichtigsten: Sie empfinden nur wenig Empathie für andere. Sie können oder wollen sich nicht in andere Personen, deren Gedanken und Gefühle hineinversetzen. Das heißt, sie bemerken nicht einmal, was sie dir antun. Was sie mit dir und deinen Gefühlen anrichten.

WARUM SIND MENSCHEN SO? Menschen verhalten sich oft unverantwortlich, weil sie es nicht anders gelernt haben. Täter*innen stammen vielfach aus Familien ohne Wärme, Zusammenhalt und Unterstützung. Meist wurden sie autoritär erzogen, vernachlässigt oder haben selbst Gewalt erlebt. Manchmal sind die Eltern alleinerziehend oder überfordert, auch tolerieren sie das aggressive Verhalten ihrer Kinder eher als andere. Entsprechend umgeben sich ihre Kinder wiederum mit Freund*innen, die wie sie ticken, Gewalt anwenden, die Regeln brechen – und sich im Freundeskreis in ihren Methoden bestätigt finden.

Täter*innen lernen oft am Modell ihrer Eltern, dass Gewalt eine Lösung oder ein legitimes Mittel ist.

DIE OPFER-TÄTER*INNEN. Dann gibt es noch die Opfer-Täter*innen. Damit sind Schüler*innen gemeint, die selbst einmal Opfer waren und sich nur daraus befreien konnten, indem sie selbst zu Täter*innen wurden. Sie haben also aktiv damit angefangen, ein anderes Kind zu mobben und zum Opfer zu machen, um sich aus dem Fokus der ursprünglichen Täter*innen zu nehmen. Sie handeln getreu dem Motto »Die werden mir nichts tun, wenn ich zu ihnen gehöre«. Wenn ihr mich fragt, muss man ganz schön verzweifelt sein, um so etwas zu tun.

Vor Kurzem hat eine*r dieser ehemaligen Täter*innen sich auf Twitter an mich gewandt:

Mal ein Bericht von der anderen Seite: Ich gehörte früher zu den Mobbern. Heute schäme ich mich dafür in Grund und Boden. Ich hatte früher wenig Selbstbewusstsein und panische Angst, auf der anderen Seite zu stehen – deshalb habe ich mitgemacht. Es tut mir leid.

Wer sich als Opfer mit der Psychologie von Täter*innen beschäftigt, entwickelt meist Verständnis für sie, denn viele der Opfer sind per se empathische Menschen – und vielleicht deshalb sogar in die Opferrolle geraten. Doch die Täter*innen zu verstehen, heißt nicht, dass du ihnen verzeihen musst. Du musst kein Mitleid mit ihnen haben. Im Gegenteil: Du darfst richtig wütend auf sie sein.

Doch vielleicht hilft es dir, zu verstehen, woher ein solches Verhalten kommt. Jetzt, da du die möglichen Gründe kennst, musst du dich nicht mehr fragen: Warum machen die das? Nur deshalb findet sich das hier im Text – und keinesfalls, um Verständnis einzufordern.

WARUM HÖRT ES NICHT AUF?

Eigentlich beschäftigt sich dieses Kapitel ja mit der Frage, die unaufhörlich in den Betroffenen tobt: Warum hört es nicht endlich auf? Die Erklärung findet sich bei den anderen Beteiligten – und gar nicht in erster Linie bei Opfern und Täter*innen: Denn an einer Mobbing-Situation sind nicht nur Opfer und Täter*innen beteiligt.

Oft scharen Täter*innen auch Mitläufer*innen um sich, die sie aktiv unterstützen. Entscheidend ist aber eine andere Gruppe: die sogenannten Verstärker*innen.

Die Verstärker*innen ermutigen die Täter*innen, indem sie diesen während oder nach der Mobbing-Situation ihren Zuspruch geben. Die so gewonnene soziale Anerkennung bestärkt die Täter*innen und bewirkt, dass sie ihr Mobbing-Verhalten in Zukunft wiederholen. Jede*r fünfte Schüler*in einer Klasse tritt Untersuchungen zufolge als Verstärker*in auf.

DARAUS ERGIBT SICH, DASS DU ALS BETROFFENE*R IN EINEM TEUFELSKREIS GEFANGEN BIST:

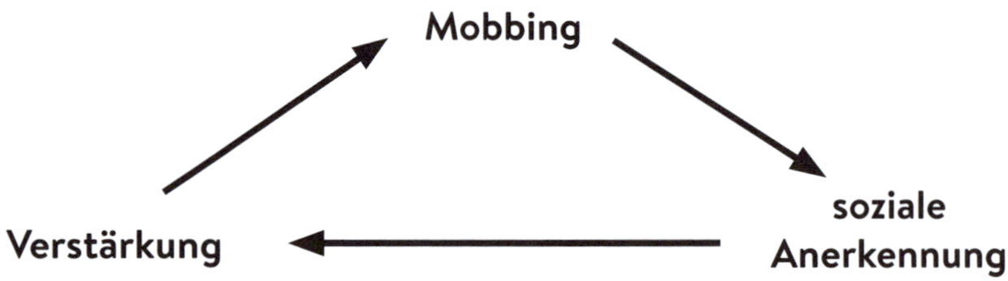

Es ist auch ein Gefühl von Macht, das die Täter*innen antreibt. Indem sie die Mitschüler*innen runtermachen, sichern sie sich den eigenen Status und vergrößern ihre Popularität innerhalb der Klasse oder Gruppe. Denn nicht zuletzt geht es auch um das eigene Wohlbefinden: Wer andere schlechtredet, kann sich im Vergleich dazu besser fühlen. Man bezeichnet das auch als sozialen Abwärtsvergleich. Irgendwie traurig, wenn man darüber nachdenkt.

WARUM HILFT MIR NIEMAND?

Wegen des Machtungleichgewichts können Opfer sich nicht allein gegen Mobbing wehren. Dann passiert oft Folgendes: Das Mobbing verängstigt und verunsichert sie. Die Betroffenen ziehen sich zurück, werden unsichtbar oder lassen passiv alles über sich ergehen. Doch dadurch werden sie zu noch leichteren Opfern. Das hat übrigens immense Konsequenzen für das eigene Selbstwertgefühl.

Wer schon einmal betroffen war, der*die weiß: Die notwendige Hilfe muss von außen kommen, entweder durch Mitschüler*innen, Lehrer*innen oder Eltern. Wenn diese allerdings die Situation ignorieren, sie fürchten oder nichts davon wissen (wollen), dulden sie das Mobbing und bestärken damit die Täter*innen, ihr Verhalten beizubehalten und sich auch in Zukunft des Mobbings schuldig zu machen. Das ist so fatal, weil sie, die Außenstehenden, die beste Chance haben, den Teufelskreis zu durchbrechen:

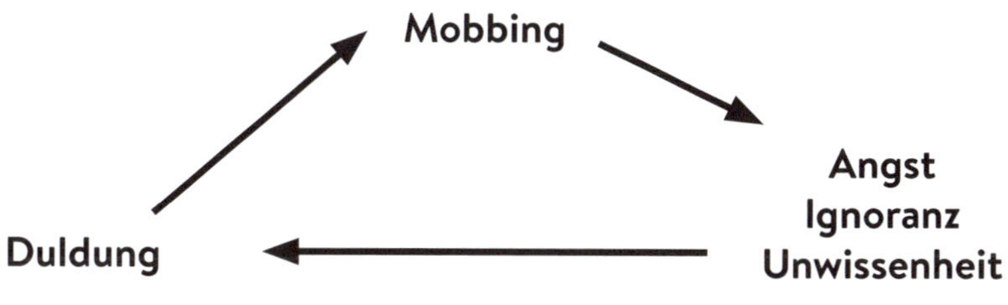

Im Januar hat sich eine frühere Mitschülerin bei mir gemeldet. Ich erinnere mich gut an sie. Sie war sehr still, meist saß sie in der ersten Reihe. Sie hat mich nie gemobbt. Aber sie hat auch nie den Mund aufgemacht, wenn andere es getan haben. Sie erzählte, dass sie gerade mein Buch *Die Fische schlafen noch* gelesen habe und sehr gut nachfühlen könne, wie ich das Mobbing in der Schule erlebt habe. Unsere Klasse sei »echt heftig« gewesen, und deshalb sei sie oft zu Hause geblieben. Sie schrieb noch etwas: »Wenn ich gewusst hätte, dass es dir damals so schlecht ging, wäre ich dagegen aufgestanden.«

Die meisten deiner Mitschüler*innen helfen dir allerdings nicht, weil sie unwissend sind, sondern weil sie Angst haben. Angst, selbst zur Zielscheibe zu werden. Deshalb sehen sie nur stumm zu, ignorieren das Mobbing und halten sich heraus. Fast jede*r zweite Schüler*in verhält sich so und legitimiert das Mobbing damit passiv – obwohl Umfragen zufolge fast die Hälfte von ihnen Mobbing ablehnt, dir eigentlich Hilfe anbieten und dich verteidigen möchte. Den Grund dafür nennt man auch den Bystander-Effekt. Er ernährt sich von der Verunsicherung der Schüler*innen und der sogenannten Verantwortungsdiffusion. Das bedeutet: Solange niemand konkret aufgefordert wird zu helfen, werden alle darauf warten, dass ein anderer die Verantwortung übernimmt. Man könnte sagen: Die Verantwortung verteilt sich so lange im Raum, bis das Opfer sie aktiv auf eine*n Mitschüler*in bündelt: »Du! Hilf mir! Sag jemandem Bescheid! Hol Hilfe!«

Wer in der Klasse unbeliebt ist, meist zurückgewiesen wird oder keine Freund*innen hat, erhält am wenigsten Hilfe. Das ist problematisch, weil Mobbing genau dafür sorgt: Es wertet dich ab, bis du in der sozialen Rangordnung ganz unten stehst. Das wird im Sportunterricht sehr gut deutlich, wenn du mal wieder zuletzt gewählt wirst ganz egal, wie sportlich du bist).

Es gibt Mitschüler*innen, die dir helfen möchten. Oft sind sie aber verunsichert, haben Angst oder trauen sich nicht, die Verantwortung zu übernehmen. Willst du, dass sie sich persönlich betroffen fühlen, solltest du sie direkt um Hilfe bitten.

Auch deine Lehrer*innen haben die Möglichkeit, den Teufelskreis zu durchbrechen. Leider sind auch sie oft Bystander: Sie fühlen sich nicht zuständig, sind unentschlossen oder wissen einfach nicht, was sie unternehmen sollen. Also schweigen sie oder reden das Problem klein. Deshalb handeln sie nicht, dulden das Mobbing und bekräftigen es damit letztendlich.

Studien zeigen, dass Mobbing vor allem an solchen Schulen häufig ist, an denen Lehrer*innen die Vorfälle ignorieren oder bei Mobbing nur zögerlich eingreifen. Bestehe darauf, ernst genommen zu werden oder eine höhere innerschulische Hierarchieebene (zum Beispiel den Schulleiter) aufzusuchen.

Deine Eltern wissen oft gar nicht, was in der Schule vor sich geht, und können deshalb überhaupt nicht reagieren. Rede mit ihnen darüber – auch wenn dir das unangenehm ist. Es könnte sich lohnen!

Um den Teufelskreis zu durchbrechen, müssen deine Lehrer*innen deutlich machen, dass sie das Mobbing nicht länger dulden. Bestehe darauf, ernst genommen zu werden.
Deine Eltern können dir nur helfen, wenn du sie einweihst.
Trau dich!

- Täter*innen verfügen über wenig Empathie. Häufig lernen sie Gewalt am Vorbild ihrer Eltern.
- Du bist in einem Teufelskreis gefangen. Die Täter*innen werden für das Mobbing mit sozialer Anerkennung und einem Gefühl von Macht belohnt.
- Einige deiner Mitschüler*innen würden dir gern helfen, trauen sich aber nicht. Sie haben Angst, selbst zur Zielscheibe zu werden.

» In einer Mobbing-Situation hilft es, eine konkrete Person um Hilfe zu bitten. So verteilt sich die Verantwortung nicht im Raum und die benannte Person ist eher bereit, dich zu unterstützen.
» Deine Eltern und Lehrer*innen hätten die Chance, den Teufelskreis zu durchbrechen, wenn sie von der Problematik wissen und konsequent handeln.

1.4 CYBERMOBBING

Als ich noch zur Schule ging, war Cybermobbing kein großes Problem, weil es noch keine Smartphones gab. Heute hat fast jede*r eins und Cybermobbing ist allgegenwärtig. Über diese Form des Mobbings wird zurzeit viel diskutiert. Bestimmt bist du damit vertraut, auch mit der furchtbaren Zerstörungskraft, die Cybermobbing hat. Denn wirklich Ruhe davor gibt es noch weniger als vor Mobbing allgemein.

CYBERMOBBING HAT VIELE FORMEN

Am häufigsten sind Beleidigungen, Bedrohungen und verletzende Nachrichten, die per Messengerdienst (zum Beispiel WhatsApp, Facebook, Telegram, iMessage) oder als Direktnachricht auf sozialen Medien (zum Beispiel Twitter, Instagram oder TikTok) verschickt werden. In manchen Fällen werden solche Nachrichten auch in Gruppenchats oder direkt öffentlich gepostet. Man spricht dann von Flaming. Findet diese Art des Mobbings wiederholt und über einen längeren Zeitraum hinweg statt, ist zuweilen auch der Tatbestand der Belästigung oder sogar von Cyberstalking erfüllt.

Kennzeichnend ist, dass häufig verletzende und meist unwahre Gerüchte über das Opfer versendet oder veröffentlicht werden. Man spricht dann allgemein von Verunglimpfung. Ziel ist es, das Opfer zu demütigen und seinen Ruf zu schädigen, damit Freund*innen und Bekannte sich von ihm abwenden. Diese Folge von Mobbing haben wir ja schon kennengelernt.

Auch das Weitersenden oder Veröffentlichen privater Informationen oder sensibler Fotos und Videos, die nur für die Augen des*der Empfänger*in bestimmt waren, ist Cybermobbing. Ich habe bei der Nummer gegen Kummer schon oft Kinder und Jugendliche zum Thema Mobbing beraten. Nicht nur einmal wurde ich angerufen, weil erotische Fotos, die das Opfer dem*der Freund*in geschickt hat, nach der Trennung in Umlauf gebracht wurden. Seid vorsichtig mit so etwas. Wirklich! Das ist nicht einfach wieder aus der Welt zu schaffen. Lasst euch auch nicht unter Druck setzen, weil »alle« oder »die anderen« es tun oder schon einmal getan haben!

Oft ist es schwierig, User in sozialen Netzwerken eindeutig als Personen im echten Leben zu identifizieren. Man hat schließlich nur einen Usernamen und ein Bild vor sich und Verifikationssymbole stehen meist nur Prominenten zur Verfügung. Entsprechend einfach ist es, sich online als eine Person auszugeben, die man gar nicht ist. Mit dem passenden Namen und eurem Foto als Profilbild kann jede*r ein Fake-Profil erstellen und den Eindruck erwecken, dass es sich dabei um euch handelt. Und sofort können unangemessene Inhalte aller Art verbreitet werden, um euch zu schaden.

Der Anteil der Betroffenen hat sich in den letzten drei Jahren drastisch erhöht. Aktuelle Befragungen sprechen von fast zwei Millionen Schüler*innen. Vor allem Cyberattacken sind häufig. Einzelne negative Vorfälle im Netz hat jede*r dritte Schüler*in schon mal erlebt.

Jede*r zweite Jugendliche, der in der Schule gemobbt wird, wird auch online gemobbt. Oft ist Cybermobbing ein fließender Übergang: Mitschüler*innen, die dich in der Schule mobben, entdecken deine Social-Media-Accounts und setzen dir online nach. Vor allem verbales und indirektes Mobbing lassen sich gut aufs Netz übertragen.

Oft überträgt Mobbing sich ins Internet. Wer auf dem Pausenhof zum Opfer wird, steht in Gefahr, auch im Netz zum Opfer zu werden.

Gefährdet sind generell Schüler*innen, die viel Zeit im Internet verbringen oder dort persönliche Informationen preisgeben. Klar: Schließlich bietest du den Täter*innen damit eine Angriffsfläche.

Aber lass dir nicht die Schuld daran aufbürden, wenn jemand etwa ein Foto von dir ungewollt weiterschickt – du habest ja zugelassen, dass er das Foto erhält: Wenn jemand Geld ungewollt verbreitet, ist die Schuld immer bei dem, der veruntreut. Wenn jemand ein Bild veruntreut, warum sollte die Schuld da bei dem liegen, der auf dem Bild zu sehen ist? Eben. Trotzdem möchte ich dich warnen, dass es besser ist, anderen nicht zu viel Vertrauen zu schenken. Und: Lass dich nie unter Druck setzen, etwas zu tun, was dir nicht behagt.

WAS CYBERMOBBING AUSZEICHNET

- Es findet online über Computer, Laptops, Tablets oder Smartphones statt.
- Auch beim Cybermobbing besteht ein Machtungleichgewicht, doch die Kräfte sind andere: das Wissen über technische Geräte und soziale Netzwerke, die wahrgenommene Anonymität der Täter*innen, die Anzahl der Follower.
- Eine einzelne Tat hat oft weitreichende Folgen. Eine negative Nachricht oder ein privates Bild kann sich rasend schnell an Tausende Menschen verbreiten und ist nur schwer bis gar nicht wieder aus der Welt zu schaffen.
- Es kann immer und überall stattfinden, da wir immer und überall vernetzt sind. Offline-Mobbing ist auf das Schulgelände sowie die Unterrichtszeiten und Pausen begrenzt. Das Internet verfolgt dich bis ins Private. Du hast dein Handy dabei? Du hast auch das Cybermobbing dabei.
- Die Täter*innen halten sich meistens für anonym. Das hat eine besondere Konsequenz: Sie sind direkt, offensiv und hemmungslos.

Im Klartext: Cybermobbing ist Mobbing, das dich vierundzwanzig Stunden am Tag begleitet. Es ist Mobbing, das du in die Hosentasche steckst, mit nach Hause nimmst und nachts mit ins Bett. Cybermobbing ist Mobbing ohne Pause. Und das macht diese Form des Mobbings besonders belastend.

Cybermobbing kann immer und überall stattfinden. Täter*innen agieren oft hemmungslos.

- Cybermobbing ist besonders belastend, weil es dich immer und überall begleitet.
- Cybermobbing hat viele Gesichter.
- Die meisten Schüler*innen, die online gemobbt werden, werden auch in der Schule gemobbt.
- Jede*r dritte Schüler*in wurde schon mal Opfer einer Cyberattacke. Im Netz können auch einzelne Taten weitreichende Folgen haben.

TIPPS FÜR ELTERN

KEIN INTERNET IST AUCH KEINE LÖSUNG

Das Internet ist überall. Wir nutzen es, um einzukaufen, zu lesen, das Konto zu checken, zu recherchieren, die Nachrichten zu sehen, den Weg zu finden, uns zu verabreden. Schulen arbeiten damit, die Unis, die meisten Arbeitsplätze. Wer tatsächlich denkt, er könne sein Kind vom Netz nehmen, um es vor Cybermobbing zu schützen, hat die moderne Welt nicht verstanden. Oft ist die Nicht-Nutzung von Apps einfach keine Option. Du hast die Hausaufgaben nicht? Die waren doch in der WhatsApp-Klassengruppe. Das kennt heute jede*r Schüler*in, bitte, liebe Eltern, macht euch damit vertraut.

Letztendlich wird, wer das Internet nicht nutzen darf, nicht lernen, wie es funktioniert. Er wird sozial den Anschluss verlieren, vielleicht sogar beruflich abgehängt sein. Netz-Knowhow ist in der heutigen Berufswelt unverzichtbar.

Soziale Medien lassen sich auch bei Mobbing positiv nutzen: Um Erfahrungen auszutauschen und sich mit Menschen zu vernetzen, die ähnlich ticken wie man selbst.

Eine andere Lösung muss her. Euer Nachwuchs wird das Internet nutzen und wenn ihr ihn dabei beschützen wollt, müsst ihr mit eurem Kind den richtigen Umgang mit Smartphone und Co. üben. Nicht mal die Hälfte aller Eltern fühlen sich gut über Gefahren im Netz aufgeklärt. Dabei könnt ihr Medienkompetenz nur dann vermitteln, wenn ihr selbst kompetent seid. Also beschäftigt euch mit dem Thema! Es gibt etliche Bücher und Videos dazu, oder ihr belegt einfach einen Kurs.

Macht eurem Kind zum Beispiel klar, dass hinter jedem Nutzernamen ein realer Mensch steckt, der mit demselben Respekt wie im echten Leben behandelt werden muss. Ermöglicht eurem Kind, sich in von euch gesetzten Grenzen frei zu bewegen und das Netz kennenzulernen. Wenn ihr ihm diese Chance gebt, wird es Schritt für Schritt lernen, sich selbst zu schützen.

WAS IHR BEDENKEN SOLLTET, WENN ES UM SOZIALE MEDIEN GEHT

Deine Eltern haben keine Ahnung vom Internet? Dann informiere dich selbst über alles Wissenswerte – und vielleicht macht es ja auch Spaß, am Ende deinen Eltern beizubringen, wie man sich im Netz richtig verhält.

Diese Fragen sollten geklärt sein, bevor du dich in die sozialen Medien wagst:

- Wer kann meine Beiträge sehen?
- Wer kann mir Nachrichten senden?
- Wie kann ich Kontakte blockieren?
- Wie kann ich gemeine Kommentare löschen?
- Bin ich im Netz eigentlich anonym?
- Wann ist ein Passwort sicher?
- Kann ich Personen im Internet vertrauen?
- Wie lange kursiert ein Beitrag im Netz, wenn er erst mal drin ist?
- Kann man ihn wieder löschen?

Auf einige dieser Fragen gibt es unkomplizierte Antworten: Die meisten von uns halten sich für anonymer, als sie es tatsächlich sind. Ein sicheres Passwort ist möglichst lang, enthält neben Buchstaben auch Zahlen und Sonderzeichen und hat keinerlei Bezug zu deiner Person. Verwende nie dasselbe Passwort für mehrere Aktivitäten. Führe ein Heft über deine Passwörter (oder nutze eine App dafür). Vertraue niemandem, den du nicht auch im realen Leben kennst oder zumindest per Video-Call gesehen hast. Sprich mit anderen über deine Erlebnisse im Netz. Und verschicke nichts, was du nicht auch veröffentlichen würdest. Denn ein Beitrag, der einmal online war, verschwindet nicht mehr so schnell aus dem Netz.

Andere Fragen können nicht so pauschal beantwortet werden, weil die Funktionen sich innerhalb der sozialen Netzwerke unterscheiden. Aber keine Sorge: Auch auf Twitter, Instagram, TikTok und Co. gibt es Einstellungen, mit denen man seine Privatsphäre schützen und Cybermobbing vorbeugen kann. (Siehe Kapitel 4.3: Dich online schützen)

2

WAS **MOBBING** MIT DIR **MACHT**

2.1 WAS DICH NICHT UMBRINGT, KANN TIEFE NARBEN HINTERLASSEN

Hier ein paar echte Geschichten, die mir Menschen auf Twitter anvertraut haben. Und wer sie gelesen hat, der versteht, warum Mobbing Spuren hinterlassen kann:

» *Sie haben gesagt, dass ich stinke, und sich die Nase zugehalten, wenn ich in der Nähe war. (Christian S.)*

» *Meine Brotdose haben sie in den Müll geworfen und meine Schultasche ins Klo. (Lea D.)*

» *Sie haben eine Petition geschrieben und unterzeichnet, dass ich mich umbringen soll. Dann standen sie unter meinem Fenster im dritten Stock und riefen: »Spring! Spring!« (Anna M.)*

» *In der Mittelstufe hat man mich damit aufgezogen, dass ich als Einzige noch keine Oberweite hatte. Sie haben mir das Oberteil ausgezogen, damit alle es sehen konnten. (Jennifer R.)*

» *Sie haben mich »Schlampe« genannt, nachdem ich vergewaltigt wurde. (Johanna W.)*

» *Ich bin Rollstuhlfahrerin und daher körperlich unterlegen. Dass sie mir den Rollstuhl klauten und nicht wiedergaben, war an der Tagesordnung. Oft haben sie mich auch umgeschubst. (Kora V.)*

» *Mal haben sie meine Brille zerschlagen, mal wollten sie mir die Haare abschneiden. (Tanja W.)*

» *Mich hat man nachgeäfft, weil ich durch mein Asthma eine schwere Atmung hatte. (Linda K.)*

» *Sie haben mir die Hausaufgaben zerrissen und mich vor den Lehrern schlechtgemacht. (Carolin V.)*

» *Mir wurde mal Müll in den Mund gesteckt. Einmal haben sie versucht, mir Kleber in die Haare zu schmieren. (Michelle W.)*

» *Es war die schlimmste Zeit meines Lebens. (Erik B.)*

» *Man hat mir während des Schwimmunterrichts meine Klamotten geklaut und angezündet. (Lisa W.)*

» *Sie haben mein Handy genommen und meiner besten Freundin eine SMS geschrieben, dass ich sie hasse und nichts mit ihr zu tun haben will. Sie war sehr verletzt. (Alica U.)*

» *Sie haben mich bespuckt und Steine nach mir geworfen. Das Schlimmste war aber, als sie meinen Kopf an die Wand geschlagen haben. (Pascal B.)*

Mobbing ist etwas Furchtbares. Häufig aber ist die Reaktion darauf lapidar: »Was dich nicht umbringt, macht dich stärker.« Das hört man oft. Zu oft. Ich kann dieses Sprichwort nicht ausstehen. Eine mündliche Prüfung, vor der du Angst hast, die du aber trotzdem bewältigst – die macht dich stärker. Die Klamotten brennend im Mülleimer vorzufinden, deinen Kopf an die Wand geschmettert zu bekommen, permanent zum Suizid aufgefordert zu werden – das macht dich nicht stärker. Das macht dich kaputt.

Ja, das Sprichwort hat einen wahren Kern. Wir wachsen an Herausforderungen. Wenn sie schwierig sind, aber nicht unmöglich, wenn sie unsere Fähigkeiten beanspruchen, aber bewältigt werden können. Doch Mobbing kann nicht bewältigt werden. Mobbing macht dich hilflos. Es zwingt dich in eine Situation, die dich quält und an der du nichts ändern kannst. Das stärkt dich nicht. Das zermürbt dich, es traumatisiert dich und hinterlässt Narben.

Mobbing erhöht das Risiko, an einer posttraumatischen Belastungsstörung zu erkranken.

Eigentlich funktioniert die Psyche nicht anders als der Körper. Wenn wir mit Gewichten trainieren, die so schwer sind, dass wir sie gerade noch bewältigen können, dann wachsen unsere Muskeln und wir werden stärker. Wenn wir uns hingegen überfordern, indem wir uns zu viel Gewicht aufladen, dann riskieren wir eine Verletzung und bleibende Schäden. Auch deshalb greift der Satz zu kurz:

»Was dich nicht umbringt, macht dich stärker«. Ich würde eher sagen: »Was dich nicht umbringt, kann tiefe Narben hinterlassen, die dich noch Jahre später beeinträchtigen.«

RESILIENZ BEDEUTET WIDERSTANDSKRAFT

Menschen sind unterschiedlich gut darin, belastende Situationen im Leben wegzustecken, ohne permanente Schäden davonzutragen. Was man in der Psychologie als Resilienz bezeichnet, lässt sich als Widerstandsfähigkeit übersetzen. Je nachdem, wie hoch diese ausfällt, können Schüler*innen Mobbing langfristig besser oder schlechter bewältigen.

Hier zwei Beispiele:

» Lea wird seit der sechsten Klasse gemobbt und es wird immer schlimmer. Heute wurde sie in den Rosenbusch vor der Schule geschubst. Das war schmerzhaft. Doch Lea ist zäh, sie hält viel aus. Zehn Jahre nach dem Mobbing denkt sie an ihre Schulzeit zurück und sagt: »Ich bin froh, dass ich da heil rausgekommen bin.«

» Anna wurde verhältnismäßig kurz gemobbt. Über ein paar Monate hinweg hat eine Gruppe von Mädchen sie als »fette Kuh« bezeichnet und ständig gefragt, wann sie endlich abnehmen will. Anna ist massiv verunsichert. Einige Monate später entwickelt sie eine Essstörung.

Wir sollten nicht vergessen, dass Kinder und Jugendliche emotional besonders verletzlich sind. Stressreiche Ereignisse oder Lebensumstände, die ein*e Erwachsene*r gut wegsteckt, können eine*n Schüler*in überfordern. Und es sagt nichts über deine menschliche Qualität aus, ob du viel oder wenig Resilienz hast! Wenn dich etwas mehr mitnimmt als andere, heißt das nicht, dass du weniger wert bist. Menschen sind unterschiedlich widerstandsfähig. Doch was passiert, wenn das Mobbing zu lange andauert, zu sehr schmerzt, nicht zu ertragen ist? Was passiert, wenn der Widerstand eines Menschen gebrochen wird?

Wer sich Methoden aneignet, um effektiver mit Stress umzugehen, kann seine Resilienz trainieren und sich langfristig gegen Mobbing stärken.

» Was dich nicht umbringt, macht dich nicht immer stärker. Oft macht es dich nur kaputt.
» Menschen sind unterschiedlich widerstandsfähig. Einige überstehen die Zeit des Mobbings ohne permanente Schäden, andere nicht. Du solltest das für dich selbst nicht bewerten.

2.2 DEINE NOTEN

Ich war gut in der Grundschule. Ich hatte eine Eins in Mathe, in Deutsch und Sachkunde eine Zwei, eine Drei in Sport. Als sich in der vierten Klasse abzeichnete, dass ich im nächsten Schuljahr aufs Gymnasium wechseln würde, platzte meine Mutter vor Stolz. Mein Opa war Lastwagenfahrer, mein Vater Dachdecker, meine Mutter arbeitete als Putzfrau. Mein Bruder ging auf die Realschule. Und ich würde der Erste in der Familie sein, der ein Gymnasium besucht.

Zugegeben: Ich hatte ein paar Eingewöhnungsschwierigkeiten. Die guten Noten flogen mir plötzlich nicht mehr zu und ich musste echt viel lernen. Aber das war okay. Ich schlug mich tapfer und konnte im Februar ein solides Halbjahreszeugnis vorweisen, auf das ich stolz war. Dann drehte sich der Wind. Ein paar meiner Mitschüler*innen, die ich für Freunde gehalten hatte, wendeten sich gegen mich. Und es wurde von Tag zu Tag schlimmer: Sie machten sich über mich und meine Familie lustig. Ich sei fett, ekelhaft und stinke. Und ich könne mir nicht mal die Schuhe binden (das stimmte). Meine Mutter sei eine widerliche »Putze«, die fremde Scheiße aus Klos wische. Sie warfen mein Mäppchen und meine Hefte vom Tisch, versteckten sie außerhalb des Klassenzimmers oder warfen sie aus dem Fenster. Sie machten das auch mit meiner Schultasche, meiner Jacke, meinen Sportsachen. Was mit Kneifen und leichten Schlägen auf den Oberarm begann, wurde bald zu Tritten und Schlägen in den Magen.

Die Pausen waren am schlimmsten: keine Lehrer*innen, keine Regeln. Es war die Hölle. Vor Beginn der Pause begann ich zu zittern, mein Bauch tat weh, mein Kopf ratterte. Wo sollte ich mich verstecken? Wie war ich möglichst unauffällig? Was würden sie diesmal mit mir anstellen, wenn sie mich fanden?

Ich hörte auf, in der Pause auf die Toilette zu gehen, weil ich wusste, dass sie dort warteten. Weil meine Lehrer*innen nicht bemerken sollten, dass etwas nicht stimmt, hielt ich meinen Harndrang den ganzen Tag ein – bis ich zu Hause war. Die Pause war keine Erholung, sondern ein Überlebenskampf. Die Schule war die Wildnis.

Im Juni des Schuljahres saß ich zum ersten Mal vor einem unangekündigten Test und realisierte: Du hast nicht gelernt. Du warst zu beschäftigt damit, Angst zu haben. Du weißt nicht, was im Unterricht besprochen wurde. Du warst zu beschäftigt damit, dich vor der Pause zu fürchten.

Ich schrieb eine Sechs in dieser Arbeit. Es sollte nicht die letzte sein. Bis zum Schuljahresende verschlechtern sich meine Noten immer weiter. Im Zeugnis stehen nur Dreien und Vieren.

Und das Schlimmste war: Es war mir egal. Wirklich: Es war mir völlig egal geworden, was für Noten ich schrieb. Alles, was ich wollte, war, nicht aufzufallen. Mich zu verkriechen. Alles, was ich wollte, war: zu überleben.

KAMPF ODER FLUCHT

Erst heute kann ich verstehen, was damals in mir vorging. In Stresssituationen stellt sich der Körper auf »Fight or flight« ein – kämpfen oder fliehen. Das ist ein Überbleibsel der Evolution und bedeutet: Wenn du in einer Gefahrensituation steckst, fährt dein Körper das sympathische Nervensystem hoch. Dein Herzschlag beschleunigt sich, damit deine Muskeln gut durchblutet werden können. Deine Atmung wird schneller, um deine Muskeln mit Sauerstoff zu versorgen. Dein Körper macht sich bereit, um zu kämpfen oder zu fliehen. Und genau das passiert beim Mobbing: Dein Körper macht sich bereit, sich gegen das Mobbing zu wehren oder davor wegzulaufen. Dein Körper ist im Überlebensmodus. Das bedeutet auch: Was nicht dringend notwendig ist, wird abgeschaltet. Dazu gehören der Harndrang, das Hungergefühl, aber auch die Konzentration für den Lernstoff.

»Fight or Flight« ist ein Überlebensinstinkt. Dein Körper will nicht lernen, er will flüchten – oder kämpfen.

Im Klartext: Wer Angst hat, kann sich nicht auf den Unterricht konzentrieren. Wer sich fürchtet, kann nicht folgen, verstehen und lernen. Letztendlich schlägt sich das in einem Leistungsabfall nieder. Das weisen auch wissenschaftliche Studien immer wieder nach.

Studien beweisen: Betroffene von Mobbing erzielen schlechtere Schulleistungen als Nicht-Betroffene, vermeiden die Schule und brechen sie wahrscheinlicher ab.

Häufig hält das Gefühl, weglaufen zu müssen, länger an als die tatsächliche Mobbing-Situation. Viele Kinder und Jugendliche fühlen sich in der Schule allgemein unwohl – sie ist zu einem Stresssignal für das Mobbing geworden. Betritt ein Mobbing-Geschädigter die Schule, schrillt der innere Alarm: Es könnte jeden Moment losgehen! Also bereitet sich der Körper vor, ob er muss oder nicht. Bei manchen hört das auch zu Hause nicht richtig auf. Was im Klassenzimmer die Angst vor der Pause ist, verwandelt sich zu Hause in die Angst vor dem morgigen Tag.

Manchmal kannst du gar nicht mehr richtig entspannen. Und wenn dein Körper doch mal herunterfahren kann, braucht er vor allem eins: eine Pause. Oft lässt diese chronische Unruhe nicht mal im Schlaf nach: Viele Mobbing-Opfer haben Einschlafprobleme und leiden unter Albträumen.

ZUR RUHE KOMMEN

Lernen kannst du nur dann, wenn alle deine Bedürfnisse befriedigt sind. Dazu gehören Essen, Trinken, Schlaf und vor allem: die Sicherheit, keine Angst haben zu müssen. Dann wird dein parasympathisches Nervensystem aktiv. Dein Körper geht in ein Erholungsprogramm. Dein Puls geht runter, deine Atmung verlangsamt sich. Du kannst dich wieder Dingen widmen, die nicht akut überlebensnotwendig sind: essen, pinkeln, lernen.

In diesen Lernmodus zurückzukommen, ist gar nicht so einfach, wenn man gemobbt wird. Die Voraussetzung dafür, ist ein sicherer Ort. Ein Platz, an dem man für sich ist, keine Angst haben muss und auftanken kann. Nur du kannst deine Kompetenz zu beurteilen, wo so ein Ort ist. Versuche überhaupt, dir Bereiche zu erobern, in denen du entscheidest, wie es dir geht. Weiter hinten im Buch findest du außerdem Übungen, die dir helfen, dich zu entspannen. (Siehe Kapitel 5.2: Richtig entspannen)

Ach ja, ihr wollt bestimmt wissen, wie lange es bei mir gedauert hat, bis ich in der Schule wieder Frieden gefunden habe? In der Zehnten hörte das Mobbing schließlich auf. Die Mitschüler, die mich gemobbt hatten, verließen die Schule – weil sie wechselten oder abgebrochen haben – und ich hatte endlich Freund*innen gefunden. Mir ging es schlagartig besser. Ich nahm zehn Kilo ab, fühlte mich wieder wohl in meinem Körper. Ich fing an, meine eigenen Klamotten zu kaufen, und brachte mir per YouTube-Video bei, eine Schleife zu binden (nein, wirklich!). Ich beschloss, irgendwann Psychologie zu studieren, um Menschen zu helfen, die auch in schwierigen Situationen stecken. Und weil ich wusste, dass ich dafür einen guten Abiturschnitt brauchte, fing ich an, mich im Unterricht zu beteiligen, arbeitete konzentriert mit und lernte für die Prüfungen.

Drei Jahre später hatte ich mein Abitur in der Tasche. Schnitt: 1,2. Noch im selben Jahr zog ich nach Marburg und begann mein Psychologiestudium. Sich sicher zu fühlen, keine Angst haben zu müssen: Es kann so viel verändern.

- **Fight or flight heißt Kämpfen oder flüchten und ist eine Notfallreaktion deines Körpers, der auf eine Gefahr reagiert. In diesem Fall: das Mobbing.**
- **Ein Körper, der im Überlebensmodus ist, kann nicht lernen.**
- **Lernen funktioniert erst, wenn dein Grundbedürfnis nach Sicherheit wieder gedeckt ist.**

2.3 DEINE GEFÜHLE

Mit zwölf war ich bis oben hin voll mit Gefühlen: Trauer, Wut und Angst dominierten. Insbesondere die Angst war allgegenwärtig. Ich hatte vor meinen Mitschüler*innen Angst, vor der Pause, vor der Schule insgesamt. Ich hatte Angst, morgens aufzustehen, in den Bus zu steigen, und die ganze Busfahrt über quälte sie mich, diese Angst. Ich hatte Angst, abends ins Bett zu gehen. Wie oft lag ich nachts wach und wollte nicht einschlafen, um nicht aufwachen zu müssen? Betete, dass beim Aufwachen alles okay wäre. Dass das Mobbing nur ein Traum war oder die Welt am nächsten Tag eine andere wäre. Ich war unsicher, wusste nicht, was ich tun sollte. Oft habe ich so getan, als hätte ich Bauchschmerzen, um nicht in die Schule zu müssen – manchmal ging das wochenlang so.

Wann immer ich gemobbt wurde, beleidigt, geschlagen, wann immer ich versucht habe, meine Sachen zurückzubekommen und sie kaputt vorfand, war ich traurig, wütend, hätte am liebsten geweint. Einmal habe ich das auch. Doch sie haben nur über mich gelacht, mich »Sensibelchen« genannt und weitergemacht. Danach habe ich nie wieder vor ihnen geweint. Ich habe meine Gefühle nicht mehr zugelassen, sie heruntergeschluckt. Ich wollte keine Angriffsfläche mehr bieten. Niemand sollte meine Verletzlichkeit sehen. Auch zu Hause habe ich nicht geweint. Ich wollte nicht, dass meine Mutter sich Sorgen machte.

Doch jedes Gefühl, dass ich heruntergeschluckt habe, hat mein Körper sich gemerkt. Und irgendwann hat er reagiert: Die Bauchschmerzen, die ich so lange simuliert hatte, waren plötzlich real geworden. Ich hatte sie fast jeden Morgen. Irgendwann konnte ich abends nicht mehr einschlafen. Die Angst vor dem Morgen war zu groß. Ich bat meine Mutter, mich früher zu wecken, damit ich wusste: Wenn du morgen aufwachst, musst du nicht sofort in die Schule. Du hast erst mal eine halbe Stunde für dich. Das hat mich ruhiger schlafen lassen, die Angst auf den Morgen verlagert.

- *Ich habe mich so allein gefühlt. (Tamara S.)*
- *Sie haben mich ignoriert, es kursierten Gerüchte über mich. So subtil und so zermürbend. (Philipp B.)*
- *Ich habe mich einfach nur wehrlos gefühlt. (Andreas N.)*
- *Ich habe mich ausgeschlossen gefühlt. Niemand wollte mit mir befreundet sein. (Sarina T.)*
- *Ich habe mich verzweifelt gefühlt. Und hoffnungslos. (Eren C.)*
- *Nach außen hin habe ich irgendwann nicht mehr gezeigt, dass es mir wehtut, aber innerlich bin ich gestorben. (Michele K.)*

Mobbing löst ein Sammelsurium an negativen Gefühlen aus: Angst, Verunsicherung, Wut, Trauer, Einsamkeit. Der emotionale Stress ist überwältigend. Vor allem Opfer, die bereits erfolglos um Hilfe gebeten haben, fühlen sich oft vernachlässigt und hilflos.

WIR LERNEN, GEFÜHLE ZU UNTERDRÜCKEN

Doch wer in einer Mobbing-Situation Gefühle zeigt, wird häufig bestraft. Denn die emotionale Reaktion (zum Beispiel weinen, schreien) ist für die Täter*innen nur ein Ansporn weiterzumachen. Und das Opfer lernt: Ich muss meine Gefühle zurückhalten.

Doch wer lernt, die eigenen Gefühle zu unterdrücken und zu ignorieren, hat ein Problem, weil jedes Gefühl einen Zweck erfüllt. Es soll uns auf ein Bedürfnis aufmerksam machen. Es soll uns eine Orientierung geben: Was brauchen wir, damit es uns gut geht? Wer aber verlernt, dem Körper zu geben, was er braucht, weil er den eigenen Körper nicht mehr hört, dem fehlt am Ende etwas. (Probiere diese Übungen aus: Fünf Minuten Achtsamkeit, Inventur)

Kinder und Jugendliche, die lernen, ihre Gefühle zu unterdrücken, werden zu Erwachsenen, die nicht wissen, welche Bedürfnisse sie haben.

Wer Gefühle unterdrückt, bekommt sie häufig trotzdem zu spüren. Unser Körper und unsere Psyche sind keine unabhängigen Einheiten. So wie körperliche Erkrankungen uns psychisch beeinflussen (zum Beispiel traurig machen oder frustrieren), so beeinflussen psychische Probleme auch unseren Körper. Zum Beispiel dann, wenn wir über einen längeren Zeitraum hinweg Stress erleben. Wir kriegen Kopf- und Bauchschmerzen, schlafen schlecht. Diese psychosomatischen Beschwerden sind typisch für Stress. Und Mobbing ist nichts anderes als Hardcore-Stress. Klar also, dass auch Schüler*innen körperliche Symptome entwickeln.

Körper und Geist sind nicht voneinander unabhängig. Was unseren Kopf beschäftigt, schlägt sich oft auch als Schmerz in unserem Körper nieder.

WOHIN MIT DEN GEFÜHLEN?

Wie gehen Kinder und Jugendliche mit dieser Lawine an Gefühlen um, die Mobbing verursacht? Ich habe mir damals das Fühlen verboten und mit niemandem darüber gesprochen, was in der Schule passierte. Trotzdem musste ich irgendwie verarbeiten, was in mir vorging. Also habe ich mich mit Essen getröstet. Essen war immer da, Essen gab mir Sicherheit. Ich habe vor Stress gegessen, aus Angst und aus Sorge. Und für die Dauer des Essens waren die negativen Gefühle wie weggeblasen. Ich habe gegessen, um mich zu betäuben und um meine Gefühle mundtot zu machen. Wenn ich gegessen habe, dann habe ich mich für nur einen Moment gut gefühlt. Auch meine Mutter bemerkte, dass es mich entspannte. Sie fing an, Essen zu bestellen, um mir an schlechten Tagen eine Freude zu machen.

Mobbing-Opfer sind häufiger von Essstörungen betroffen.

Und bald bemerkte ich, was es mit mir machte. In der siebten Klasse war ich einen Meter vierundfünfzig groß und wog bereits achtundsiebzig Kilo. Weil ich so schnell zugenommen hatte, waren meine Oberschenkel mit Dehnungsstreifen übersät. Ich habe mich für meinen Körper geschämt. Ich bekam panische Angst vor dem Schwimmunterricht, denn ich wollte nicht, dass die anderen mich oberkörperfrei sehen konnten. Jede Woche ließ ich mir eine andere Ausrede einfallen, um nicht teilnehmen zu müssen. Als ich auf eine Geburtstagsparty eingeladen wurde, die im Freibad stattfinden sollte, ging ich nicht hin, weil ich Angst hatte, dass die anderen mich auslachen würden. Dabei hatte ich mir schon so lange gewünscht, Anschluss in der Klasse zu finden. Schließlich aß ich auch aus Langeweile so viel, weil ich keine Freund*innen hatte, mit denen ich mich hätte treffen und Zeit verbringen können.

Ich fand mich in einem Teufelskreis gefangen: Je mehr ich zunahm, desto schlimmer wurden die Attacken. Ich wurde als »fette Sau« bezeichnet und mir wurde nachgesagt, ich würde »stinken«. Weil ich mich immer unwohler in meiner Haut fühlte, isolierte ich mich immer mehr. Um Angst, Scham, Einsamkeit und Langeweile zu bekämpfen, aß ich immer weiter.

Opfer von Mobbing leiden oft unter sozialen Ängsten oder haben Probleme mit Gleichaltrigen. In der Folge ziehen sie sich häufig zurück – und fühlen sich einsam.

DIE RICHTIGE STRATEGIE

Jede*r Schüler*in geht anders mit Stress um. Essen ist eine weitverbreitete Strategie zur Gefühlsregulation. Viele Menschen essen Schokolade, um sich zu beruhigen, oder besorgen sich Fast Food, wenn sie einen harten Tag hatten. Leider ist Essen keine besonders gute Strategie, um mit negativen Gefühlen umzugehen. Man nennt solche Strategien auch dysfunktional. Das heißt, sie helfen zwar akut, haben langfristig aber negative Konsequenzen.

Essen hat mich kurzfristig beruhigt und mir ein gutes Gefühl gegeben, langfristig aber hat es zu Übergewicht und dann auch zu Scham und sozialer Angst geführt. Wie bei mir enden Menschen, die bei Mobbing unter Essattacken leiden, in einem neuen Teufelskreis. Die negativen Folgen (zum Beispiel Übergewicht) sorgen für vermehrt negative Gefühle (zum Beispiel Scham, soziale Ängste). Um diese zu bekämpfen, wird die dysfunktionale Strategie (zum Beispiel essen) angewandt, die langfristig aber für noch mehr negative Folgen sorgt.

GEFÜHLE UND GEDANKEN BRAUCHEN RAUM

Nicht nur das Essverhalten ist bei Mobbing-Opfern häufig problematisch: Das Unterdrücken von Gefühlen ist ebenfalls dysfunktional. Für einen Moment verschafft es den Betroffenen zwar Ruhe, wenn sie ihre Probleme wegdrücken, doch das negative Gefühl bleibt und beansprucht viel Platz im Kopf.

Wer seine Gefühle unterdrückt, fühlt sich oft unwohl und entwickelt häufiger psychische Erkrankungen. Ähnlich verhält es sich mit der Unterdrückung von Gedanken. Wer krampfhaft versucht, unangenehme Gedanken zu verdrängen, produziert häufig nur noch mehr davon.

Mobbing-Opfer neigen ganz besonders dazu, Gefühle und Gedanken zu unterdrücken.

Manchmal kann es helfen, wenn man sich Sorgen macht. Nein, wirklich, das ist gut als Problemlösestrategie. Denn es kann beruhigend wirken und negative Gefühle beseitigen, wenn man den Sorgen Raum einräumt. Das ist aber nur dann sinnvoll, wenn die Sorgen dazu beitragen, ein Problem tatsächlich zu lösen.

Wer sich um Ereignisse in der Zukunft sorgt, auf die er keinen Einfluss hat, oder Gedankenschleifen um Situationen dreht, die längst vergangen sind, der stresst sich (und begünstigt die Entstehung von Depressionen). Werden sie mich morgen wieder schlagen? Hätten sie mich heute in Ruhe gelassen, wenn ich anders reagiert hätte? Man bezeichnet solche Gedanken, die sich festfressen, auch als Grübeln. Sich Sorgen zu machen, das ist etwas anderes, denn es ist eine Problemlösestrategie, während Grübeleien per se zu nichts führen.

GEFÜHLE KÖNNEN SÜCHTIG MACHEN

Der Konsum von Alkohol und Drogen ist auch unter Erwachsenen weitverbreitet. Wenn die Kumpels vorschlagen, etwas trinken zu gehen, weil der*die Freund*in Schluss gemacht hat, erscheint das für viele normal. Das liegt daran, dass Alkoholkonsum in unserer Gesellschaft so tief verwurzelt ist. Doch die eigentliche Einladung ist folgende: Lass uns deine Gefühle einen Abend lang betäuben. Damit aber ist noch kein Problem gelöst, kein Gefühl reguliert – und das Leben nicht schöner. Der Missbrauch von Alkohol als Mittel zur Gefühlsregulation ist zudem der häufigste Weg in die Sucht. Das gilt übrigens für alle Drogen.

Als Kind eines alkoholabhängigen Vaters möchte ich euch einen Ratschlag mitgeben: Wer Alkohol trinkt, weil er traurig, wütend oder frustriert ist, der begibt sich auf einen sehr gefährlichen Weg. Tut das nicht.

Auch Nikotin ist eine Strategie zur Gefühlsregulation. Menschen rauchen, um sich zu entspannen und Stress abzubauen. Das klappt kurzfristig, führt langfristig aber zu Nervosität, körperlichen Schäden und natürlich Abhängigkeit. Generell ist Vorsicht angebracht: Schüler*innen, die Mobbing erleben, haben ein erhöhtes Risiko für Suchterkrankungen.

Ebenfalls beliebt ist Cannabis (»Gras«) weil es so herrlich gleichgültig den eigenen Problemen gegenüber macht. Was man aber nicht verkennen sollte: Für die Gehirne von Heranwachsenden ist Kiffen Gift – und kann neben Panikattacken auch Psychosen auslösen, die man nicht so schnell wieder loswird.

Selbstverletzung ist die absichtliche Schädigung des eigenen Körpers (zum Beispiel durch Schnittverletzungen). Außenstehende verstehen oft nicht, warum Menschen sich selbst schädigen. Es ist wichtig, den Mechanismus hinter der Selbstverletzung zu kennen: Ja, körperlich tut sie weh. Doch psychisch sorgt sie für einen Druckabfall, bekämpft negative Gefühle und ruft Entspannung hervor. Für viele Menschen mit Opfererlebnissen ist das eine Erfahrung, die ihnen wichtig wird: Statt hilflos einem Schmerz ausgeliefert zu werden, kann jemand, der sich selbst verletzt, auch selbst entscheiden, wann es wehtut. Leider schadet man damit nur sich selbst – und auch Selbstverletzungen machen süchtig nach mehr von demselben schmerzregulierenden Mittel.

Neben dem Konsum von Drogen gehört die Selbstverletzung zu den schädlichsten dysfunktionalen Strategien. In Deutschland hat sich jede*r vierte Jugendliche schon mal selbst verletzt, jede*r zwanzigste tut es regelmäßig. Auch hier sind Opfer von Mobbing besonders gefährdet: Sie sind zwei- bis viermal so oft betroffen.

Leider sind Vorurteile über selbstverletzendes Verhalten weitverbreitet und tief verankert:

- **DIE WOLLEN NUR AUFMERKSAMKEIT!** Nehmen wir mal an, das stimmt: Wie verzweifelt muss eine Person sein und wie ausweglos muss sich eine Situation anfühlen, damit man sich selbst Verletzungen zufügt, um Aufmerksamkeit zu erlangen? Wenn jemand für so wenig so weit geht, sollte man ihn dann nicht erst recht ernst nehmen?
- **WER SICH RITZT, IST DEPRESSIV!** Ja, Selbstverletzung kann ein Symptom einer Depression sein. Und ja, Jugendliche mit psychischen Erkrankungen verletzen sich besonders häufig selbst. Das bedeutet aber nicht, dass jede*r, der*die sich selbst verletzt, auch depressiv ist.
- **WER SICH RITZT, WILL SICH UMBRINGEN!** Nein, Selbstverletzung findet ohne suizidale Absicht statt.
- **RITZEN IST NUR EIN TREND!** Gerade Kinder wissen oft gar nichts mit dem Begriff »Ritzen« anzufangen und verletzen sich trotzdem selbst. Häufig benutzen sie dazu die einzige Waffe, die sie bei sich tragen: ihre Zähne. Sie beißen zu. Das ist kein Trend. Das ist die Reaktion auf Druck, also der verzweifelte Versuch, ihn loszuwerden.

Im Vergleich zu Schüler*innen, die nicht gemobbt werden, verletzen sich Betroffene doppelt so häufig selbst.

Du merkst schon: Es gibt unzählige Möglichkeiten, deine Gefühle zu regulieren. Viele davon helfen dir aber nur kurzfristig und richten auf lange Sicht Schaden an. Um den zu vermeiden, ist es wichtig, dass du über funktionale Strategien verfügst, um mit deinen Gefühlen umzugehen. Sie wahrzunehmen und dich mit ihnen auseinanderzusetzen, ist ein guter Anfang. Auch ich habe das erst lernen müssen. Heute weiß ich, dass meine Gefühle okay sind. Dass ich sie zulassen darf. Und was zu tun ist, wenn sie mich überwältigen. (Siehe Kapitel 5.3: Wie das geht: richtig fühlen)

Funktionale Strategien zur Gefühlsregulation sind für alle Menschen wichtig. Vor allem aber für solche, die viele negative Emotionen empfinden – wie Opfer von Mobbing.

- **Mobbing löst einen Ansturm negativer Gefühle aus.**
- **Opfer lernen oft, ihre Gefühle zu unterdrücken.**
- **Stress, Angst, Wut und Einsamkeit können sich in körperlichen Symptomen niederschlagen.**
- **Es gibt viele Strategien, mit Gefühlen umzugehen.**
- **Dysfunktionale Strategien locken dich in einen Teufelskreis. Sie haben kurzfristig positive, langfristig jedoch negative Folgen.**
- **Mobbing-Opfer sind anfälliger für Suchterkrankungen und Selbstverletzung.**
- **Funktionale Methoden zur Gefühlsregulation helfen dir dabei, gesund zu bleiben.**

2.4 DEIN SELBSTWERT

Das Mobbing hat im Schullandheim angefangen. Ich wurde zusammen mit Daniel, Richard, Luca und zwei anderen Mitschülern auf ein Zimmer gesteckt. Mir war völlig egal, wer die waren: Ich kannte sowieso niemanden. Ich hatte nach dem Wechsel aufs Gymnasium einfach keinen Anschluss gefunden.

Ich hatte gemischte Gefühle. Angst, eine ganze Woche von zu Hause weg zu sein. Aber auch eine positive Nervosität: Vielleicht würde ich ja endlich Anschluss finden. Und tatsächlich war ich nach dem ersten Tag guter Dinge. Schon beim Beziehen unserer Betten hatten wir miteinander geredet, ich hatte die anderen sogar zum Lachen gebracht. Je mehr Zeit verstrich, desto eher hatte ich das Gefühl, es könnte sich eine Freundschaft entwickeln. Ich war so erleichtert: endlich Freunde. Und ich begann, Vertrauen zu fassen.

Eines Nachts lagen wir noch wach in unseren Betten und redeten. Es ging um Mädchen. Ich war elf und neugierig, das Thema war so spannend für mich und ich saugte jedes Wort ein. Wer geht mit wem? Wer ist in wen verliebt? Auch ich habe mich (damals noch) für Mädchen interessiert. Ich hatte mich schon zu Anfang des Schuljahres in Ramona verguckt – und seitdem kein Wort mit ihr gesprochen. Sie wirkte Lichtjahre entfernt, aber der Gedanke an sie war so spannend und darüber zu sprechen war, als ob sie für ein paar Sekunden näher war.

»Ich finde ja Carolin gut«, gestand Richard. »Aber bei der habe ich doch keine Chance.«

»Also Laura hat gesagt, dass ein paar der Mädchen in Jungs aus unserer Klasse verliebt sind«, plauderte Luca aus. Laura war seine Freundin. Die einzige Beziehung, die es in der Klasse gab.

Plötzlich stieg Hoffnung in mir auf. Und wenn Ramona mich heimlich mochte? Ich war nicht der typische Mädchenschwarm. Ich trug eine Brille, von der die Leute sagten, sie sehe aus wie die von Harry Potter, und meine Klamotten kaufte meine Mama für mich. Aber ich kannte Ramona ja kaum, also konnte ich es auch nicht ausschließen.

»Und Norman? Wen findest du gut?«, fragte Daniel.

Ich haderte. »Ach, puh.«

»Komm, wir haben jetzt alle gesagt, wen wir gut finden, also musst du auch«, entgegnete er.

Also nahm ich all meinen Mut und die positive Nervosität in mir zusammen. »Ich bin in Ramona verliebt.«

Kichern ging durch den Raum. Kurz hatte ich Angst, zu viel gesagt zu haben. Dass sie gleich sagen würden: »Bei der hast du doch eh keine Chance.«

»Ramona ist echt hübsch«, war Richards Antwort.

Ich war erleichtert. Es hat sich gut angefühlt, sich zu öffnen. Wir redeten noch ein bisschen über sie. Was ich gut an ihr fand und wie lange ich schon verliebt war. Ich weiß noch, dass ich beim Einschlafen dachte: »Cool, dass ich endlich Freunde gefunden habe.«

Ich wachte auf, weil etwas an meinem Bein zog. Als ich verschlafen die Augen öffnete, erkannte ich Richard vor mir. »Und los!«

Plötzlich hing ich in der Luft. Richard hatte mich an den Beinen und Daniel an den Armen gepackt. Ich war irritiert. »Was macht ihr da?«

»Wir statten Ramona einen kleinen Besuch ab!«, antwortete Daniel lachend.

Ich lachte mit. »Nein, ernsthaft.«

»Ich meine das ernst!« Sie trugen mich aus der Tür hinaus auf den Flur. »Irgendwann muss sie es doch erfahren!«

Plötzlich brach Panik in mir aus. »Nein!«, schrie ich. »Bitte nicht!«

Sie kicherten, während sie mich an unseren Mitschüler*innen vorbeitrugen, die tuschelnd auf dem Flur standen und das Spektakel beobachteten.

Ich flehte sie an: »Bitte, Daniel! Richard!«

»Vertrau uns!« Sie bogen ins Treppenhaus ein, das zum Mädchentrakt hinaufführte.

Tausend Gedanken schossen mir durch den Kopf: »Ich will hier weg. Sie wird über mich lachen. Alle werden über mich lachen.« Und: »Ich habe doch noch meinen Schlafanzug an.« Ich versuchte verzweifelt, mich zu befreien, konnte ihren Griffen aber nicht entkommen. »Lasst mich los!«

Doch sie ließen nicht los. Sie trugen mich die Treppe hinauf und den Flur entlang, während die anderen Jungs uns folgten und sie anfeuerten.

Vor Ramonas Zimmer, wo sie bereits auf uns wartete, ließen sie mich fallen. Ich landete auf dem Rücken wie eine umgetretene Kakerlake und sah Ramona in die Augen. Am liebsten hätte ich mich in Luft aufgelöst.

Sie sah abfällig und angeekelt auf mich herab. »Ich will nichts von dir.« Und verschwand in ihrem Zimmer. Daniel, Richard und die anderen Jungen brachen in Gelächter aus.

Und ich lag da in meinem Schlafanzug auf dem Boden und regte mich nicht. Ich hatte mich noch nie in meinem Leben so geschämt und so klein gefühlt.

»Und ich dachte, wir sind Freunde«, ging mir durch den Kopf.

Das Selbstwertgefühl beschreibt, welchen Wert eine Person sich selbst beimisst. Ein Mensch mit hohem Selbstwertgefühl geht positiv mit sich um, akzeptiert sich und vertraut auf die eigenen Fähigkeiten. Ihr könnt es euch schon denken: Die meisten Mobbing-Opfer, die sich über Monate und Jahre Beleidigungen anhören und Gewalt ertragen mussten, messen sich selbst nicht mehr allzu viel Wert bei.

Mobbing zerstört das Selbstwertgefühl. Was Betroffene längst ahnten, hat inzwischen auch die Wissenschaft nachgewiesen.

Unser Selbstwertgefühl beeinflusst, wie wir denken. Und unser Denken beeinflusst, wie wir handeln. Eine Person mit niedrigem Selbstwert hält sich für unzulänglich, schwach, schuldig, peinlich, unwichtig. Sie interpretiert Situationen anders (»Das war unangenehm«) und bewertet das eigene Verhalten negativer (»Ich konnte gar nichts«). Zudem hat sie geringere Erwartungen an sich selbst (»Das schaffe ich niemals«). Das verändert unsere Reaktionen: Wir ziehen falsche Schlüsse, nehmen uns zurück, geben vorzeitig auf oder fangen erst gar nicht an.

Was wir von uns halten, kann uns sogar krank machen. Negative Gedanken über sich selbst sind die Basis jeder Depression. Kein Wunder also, dass ein niedriges Selbstwertgefühl Depressionen begünstigt. Und Depressionen untergraben wiederum das Selbstwertgefühl. Man könnte sagen: Ein schlechtes Selbstwertgefühl und Depressionen sind ein perfekt eingespieltes Team.

Ein niedriges Selbstwertgefühl kann zu Depressionen führen.

Vielleicht kommen dir folgende Gedanken bekannt vor. Sie sind typisch für Menschen, die unter einem geringen Selbstwertgefühl leiden:

- **ICH BIN UNWICHTIG.**
- **ICH SCHÄME MICH.**
- **ICH KANN NICHTS.**
- **ICH KANN NICHTS ÄNDERN.**
- **ICH BIN AN ALLEM SCHULD.**
- **NIEMAND MAG MICH.**

Lass uns die Gedanken im Einzelnen betrachten, um sie besser zu verstehen.

ICH BIN UNWICHTIG

Mobbing hat mir jeden einzelnen Tag den Eindruck vermittelt, dass ich unwichtig bin. Du wirst geschlagen, weil du unwichtig bist. Du wirst beleidigt, weil du unwichtig bist. Du wirst ignoriert, weil du unwichtig bist. Ich weiß noch genau: Einige Zeit nachdem alles anfing, nannte meine Mutter mich »Schatz«. Wie immer also, aber zum ersten Mal habe ich es hinterfragt. Ich sollte ein Schatz sein? Nein. Ich war nichts, das so wertvoll war, dass man dafür eine Schatzkarte malen und mich mit einem Kreuz hätte markieren müssen.

Ich habe dieses Gefühl von Wertlosigkeit schnell verinnerlicht. Habe gelernt, den Schmerz und die Erniedrigung auszuhalten. Ich habe mich daran gewöhnt, nicht gehört zu werden. Mich damit abgefunden, dass meine Meinung nicht erwünscht ist und meine Bedürfnisse egal sind.

- *Dieses Gefühl von Wertlosigkeit werde ich einfach nicht los. (Nadja Z.)*
- *Wie ich mich gefühlt habe? Wertlos, unwichtig. (Florian G.)*
- *Sie haben so getan, als wäre ich nicht da, und mir das Gefühl gegeben, ich wäre ein Nichts. (Celina B.)*
- *Schon bald habe ich geglaubt, was sie über mich gesagt haben. Seitdem empfinde ich nur noch Selbsthass. (Katharina M.)*

Der Kern jeden Selbstwertgefühls ist der positive Umgang mit sich selbst. Doch wer gemobbt wird, bekommt etwas anderes vorgelebt: Du bist unwichtig und das hier ist der Umgang, den du verdienst. Und irgendwann glauben wir das, übernehmen diese Gedanken für uns, behandeln uns selbst so: Ich bin unwichtig. Jeder Platz, den ich einnehme, ist verschwendet, sonst würden mich die anderen ja nicht rumschubsen. Meine Meinung ist egal. Ich muss Schmerzen aushalten können. Meine Bedürfnisse sind nicht wichtig. Es ist egal, ob ich sie befriedige. Mir muss es nicht gut gehen. Aber das ist eine Falle.

Die Wahrheit ist: Wir sind wertvoll, unser Wohlbefinden und unsere Bedürfnisse sind wichtig. Wir müssen nur erst wieder lernen, auf sie zu achten, für uns zu sorgen und liebevoll mit uns selbst umzugehen. (Probiere diese Übungen aus: Die Wunderfrage, *Selfcare-Box*, Zwei Perspektiven)

Vorsicht, Denkfehler!
Dass wir uns wertlos fühlen, heißt nicht, dass wir auch wertlos sind. Unsere Gefühle sind keine Beweise für unsere Gedanken.

ICH SCHÄME MICH

Nach der Klassenfahrt bin ich vorsichtiger geworden. Ich habe niemandem mehr meine Geheimnisse anvertraut. Dann fingen meine Mitschüler*innen an, sich darüber lustig zu machen, dass ich Pokémon mochte, und ich hörte generell auf, Dinge zu erzählen, die in irgendeiner Form eine Angriffsfläche boten. Egal zu welchem Thema: Plötzlich fiel mir nichts schwerer, als meine Meinung zu sagen.

In Musik sollten wir kurz darauf ein Referat halten – über unseren Lieblingskünstler. Ich war damals großer Britney-Spears-Fan, hätte mich aber niemals getraut, das öffentlich zu machen. Ich verbrachte Tage und Wochen damit, eine*n Künstler*in zu finden, die die anderen nicht peinlich finden würden. Ich hatte Angst und konnte an nichts anderes mehr denken. Am Ende hielt ich ein Referat über den Gangsta-Rapper Coolio, dessen Musik ich nicht mal mochte. Geholfen hat es nichts – ausgelacht wurde ich trotzdem.

Situationen wie diese zerstören die Selbstakzeptanz. Man lernt, dass man nicht okay ist, so wie man ist. Dass man nicht die richtigen Dinge mag, sich nicht für die richtigen Themen interessiert. Und oftmals geht es noch weiter: Wie du aussiehst, ist nicht okay, und auch nicht, wie du dich verhältst. Man hat Angst, sich zu öffnen, irgendeine Angriffsfläche zu bieten, sich verwundbar zu machen. Und noch schlimmer: Man beginnt, sich für sich selbst zu schämen. Sich und seine Schwächen zu hassen. Sich selbst nicht mehr zu akzeptieren.

Du bist okay, mit allem, was zu dir gehört. Mit deinem Körper, deinen Eigenschaften, deinen Leidenschaften und Interessen. Und auch mit deinen Schwächen. Selbstakzeptanz kann man üben, indem man die eigene negative Meinung kritisch hinterfragt oder mal die Perspektive wechselt: Wie denken Leute über mich, die mich mögen? (Probiere diese Übungen aus: Sich akzeptieren, Eine zweite Meinung, Fünf Dinge)

Dass du die richtigen Dinge magst, erkennst du daran, dass sie dir Spaß machen! Das reicht schon.

ICH KANN NICHTS

Meine Mitschüler*innen waren großartig darin, mir das Gefühl zu geben, der untalentierteste, dümmste und unfähigste Junge der Welt zu sein. Ja, ich konnte ein paar Sachen nicht, die andere Jungs in meinem Alter konnten: ohne Taucherbrille schwimmen, mir die Schuhe binden, Blasen mit Kaugummi machen (das kann ich heute noch nicht). Aber dass ich nichts konnte, das war nicht wahr. Ich konnte gut zeichnen und Geschichten schreiben, meine Kreativität war grenzenlos. Ich kannte mich mit Computern aus. Ich konnte mich gut in andere hineinversetzen. Ich konnte viel gut. Aber irgendwann dachte ich, dass ich gar nichts kann. Weil mir das, was ich nicht konnte, immer und immer wieder vor Augen geführt wurde.

»Jedes Baby kann sich die Schuhe binden!«

»Ey, Taucherbrillengesicht!«

»Was kannst du überhaupt?«

Vertrauen in die eigenen Fähigkeiten zu haben, erhöht das Selbstwertgefühl. Man spricht auch von Selbstvertrauen. Viele Mobbing-Opfer kämpfen mit dem Gefühl, gar nichts gut zu können, obwohl sie eigentlich in vielem gut sind. Wir haben das von den Täter*innen so gelernt.

Nur wenn wir an uns und unsere Fähigkeiten glauben, können wir uns neuen Herausforderungen stellen, an denen wir schließlich wachsen. Manchmal hilft es, sich die eigenen Stärken und Talente, die man längst schon vergessen hatte, noch mal vor Augen zu führen. (Probiere diese Übung aus: Was ich gut kann)

Vorsicht, Denkfehler!
Wir neigen dazu, uns nach einem Misserfolg sofort als »unfähig« abzustempeln: »Mir ist dieser Auflauf nicht gelungen, ich kann einfach nicht kochen.«
Doch wir können nicht von einer einzigen Handlung auf unsere Fähigkeit schließen. Damit tun wir uns unrecht und verhindern, uns jemals zu verbessern.

ICH MACHE KEINEN UNTERSCHIED

Ich habe meine Mitschüler*innen angefleht, mir nicht wehzutun, mich einfach in Ruhe zu lassen, und trotzdem wurde ich gemobbt. Ich habe meine Lehrer*innen immer wieder um Hilfe gebeten und dennoch wurde ich mit der Situation alleingelassen. Irgendwann habe ich aufgehört, sie anzuflehen, und einfach alles über mich ergehen lassen. Ich habe aufgehört, um Hilfe zu bitten, weil mir klar wurde, dass es keinen Unterschied macht. Dass ich nichts an der Situation ändern werde, egal, was ich sage oder tue. Zumindest dachte ich das.

Jemand, dessen Worte und Taten immerzu ohne Folgen bleiben, glaubt irgendwann nicht mehr daran, etwas verändern zu können. Er*Sie glaubt nicht mehr an die eigene Selbstwirksamkeit: die Idee, Einfluss nehmen zu können, indem man seine Wünsche ausdrückt oder sich um etwas bemüht. Menschen mit einer geringen Selbstwirksamkeitserwartung fühlen sich machtlos. Sie denken, dass ihre Handlungen das Ergebnis einer Situation nicht beeinflussen können. Wenn sie vor einer Herausforderung stehen, geben sie oft schon vorher auf: Egal, was ich versuche, es wird sowieso nicht funktionieren. Und verpassen damit die Chance, etwas zu verändern. Menschen, die sich ständig einreden, dass sie es nicht schaffen werden, werden es nicht versuchen und deshalb auch nicht schaffen. Man bezeichnet dieses Phänomen auch als selbsterfüllende Prophezeiung.

Um den Glauben an die eigene Selbstwirksamkeit zurückzugewinnen, sollte man sich vor Augen führen, wie viel Unterschied man in der Welt schon gemacht hat (und glaub mir, es ist mehr, als du denkst). (Probiere diese Übung aus: Was ich bewirkt habe)

Vorsicht, Denkfehler!
Unsere Mobbing-Erfahrungen waren schrecklich und oft haben wir umsonst gefleht. Das bedeutet aber nicht, dass unsere Worte und Taten überall ignoriert werden. Wir dürfen diese Vorfälle nicht auf Lebensbereiche verallgemeinern, die nichts mit dem Mobbing zu tun haben.

ICH BIN AN ALLEM SCHULD

Letztens stand ich im Supermarkt an der Kasse vor einer Gruppe Jugendlicher. Ich weiß: Meine Mobbing-Erfahrung ist fünfzehn Jahre her, ich bin inzwischen erwachsen und kenne diese Jugendlichen nicht. Solche Situationen machen mich trotzdem sehr nervös. In der Gruppe war das Mobbing immer am schlimmsten – da haben sich die Täter*innen am stärksten gefühlt.

Mein Körper schaltet in solchen Situationen auch heute noch sofort in den Überlebensmodus. Ich stand also sehr angespannt an dieser Kasse an und plötzlich fing einer der Jungs an, laut zu lachen. Bald stimmte der Rest der Gruppe ein und alle lachten. Ich dachte sofort: »Die lachen über dich. Du bist komisch. Du läufst seltsam. Du siehst scheiße aus.« Die Gedanken schossen unaufhaltsam durch meinen Kopf. Und einer war besonders laut: »Es liegt an dir.«

In der Regel neigt der Mensch dazu, sich selbst als Grund für seinen Erfolg anzusehen. Ein*e Schüler*in, der*die gerade eine gute Note geschrieben hat, denkt etwa: »Das liegt daran, dass ich intelligent bin.« Dagegen wird ein*e Schüler*in, der*die schlecht abgeschnitten hat, vermutlich eher denken: »Ich habe nicht genug gelernt. Aber die Arbeit war auch echt schwer!« Denn falls wir versagen, machen wir lieber andere oder die äußeren Umstände dafür verantwortlich.

Andere Personen oder die Umstände für einen Misserfolg verantwortlich zu machen, ist ein natürlicher Mechanismus zum Schutz des Selbstwertgefühls.

Menschen, die gemobbt wurden, denken oft genau andersherum. Sie suchen den Fehler zuerst bei sich selbst: »Ich bin dumm. Es ist meine Schuld. Ich bin so ein Versager.« Und wenn doch mal etwas gelingt, ist man nicht selbst dafür verantwortlich: »Die Prüfung lief gut, aber die war auch sehr einfach.« Wenn andere dir jeden Tag sagen, wie fehlerhaft du bist und dass du selbst schuld an deinem Mobbing seist (was absoluter Unsinn ist), denkst du irgendwann so. Ist doch klar.

Vorsicht, Denkfehler!
Menschen mit geringem Selbstwertgefühl tendieren dazu, negative Ereignisse oder Misserfolge zu personalisieren. Sie sehen sich selbst beziehungsweise ihr Versagen als Grund dafür, obwohl es dazu keinen Anlass gibt.

Das Ganze ist eine Negativspirale. Wer immer wieder den Fehler bei sich selbst sucht, verliert an Selbstwert – und wird erst recht den Fehler bei sich selbst suchen. Es ist schwer, aus diesem Kreislauf auszubrechen. Äußere Gründe sind einfacher zu ändern als innere. Wer nicht genug gelernt hat, kann bei der nächsten Klausur einfach mehr lernen und das Problem somit lösen. Doch wer im eigenen Kopf ein »dummer Versager« ist, wird wahrscheinlich ein »dummer Versager« bleiben.

So verbaut man sich die Chance, etwas zu ändern, um es beim nächsten Mal besser zu machen. Doch wer übt, seinen Fokus zu erweitern und den Fehler an anderer Stelle zu suchen, kann dem Bild einen neuen Rahmen verpassen. (Probiere diese Übung aus: Zwei Perspektiven)

NIEMAND MAG MICH

ICH KANN NIEMANDEM VERTRAUEN. ICH HABE ANGST, WIEDER NUR VERARSCHT ZU WERDEN. (ASTHON L.)

DASS DIE MITGELACHT HABEN, VON DENEN ICH DACHTE, DASS SIE MEINE FREUNDINNEN SIND, DAS HAT AM MEISTEN WEHGETAN – UND MEIN VERTRAUEN KOMPLETT ZERSTÖRT. (LAURA H.)

Ich kann diese Erfahrungen gut nachvollziehen. Auf der Klassenfahrt ging es mir ähnlich. Ich dachte, endlich Freund*innen gefunden zu haben. Doch gleich bei der ersten sich bietenden Chance, mein Vertrauen zu missbrauchen, ist genau das passiert. Kein Wunder, dass ich von da an dachte: »Ach, mich mag doch eh niemand. Ich bin eine Last für alle. Wenn andere Zeit mit mir verbringen, dann sicher nur aus Mitleid.«

Wer sich eigentlich sozial akzeptiert fühlt, hat ein höheres Selbstwertgefühl. Entscheidend sind dafür die bisherigen Erfahrungen: Mögen mich die anderen? Verbringen sie gern Zeit mit mir? Wer oft mies behandelt, ausgeschlossen oder hintergangen wird, hat da schlechte Karten.

Obwohl die schlechten Erfahrungen von Mobbing-Betroffenen oft auf Einzeltäter*innen zurückgehen, entsteht daraus häufig ein Grundmisstrauen gegenüber allen sozialen Kontakten. Wir werden vorsichtiger, sind eher verschlossen und zurückhaltend.

Betroffene von Mobbing leiden häufig unter sozialen Ängsten, Isolation und Einsamkeit. Ihr niedriges Selbstwertgefühl trägt dazu noch bei.

Aus Angst, nicht mehr akzeptiert zu werden, fangen wir an, uns Gedanken zu machen: »Habe ich etwas Falsches gesagt? Habe ich mich komisch verhalten? Hätten sie mehr Spaß gehabt, wenn ich nicht dabei gewesen wäre?« Häufig verstricken wir uns in ewigen Gedankenschleifen um diese Fragen. Dabei können wir die überhaupt nicht beantworten – das können nur die anderen.

Um das verhindern zu können, müssen wir solche Gedanken achtsam wahrnehmen und sie als das enttarnen, was sie sind: unproduktiv. (Probiere diese Übung aus: Ein Date mit deinen Gedanken)

Vorsicht, Denkfehler!
Häufig ziehen wir Rückschlüsse aus Details, die diese überhaupt nicht zulassen, etwa nach dem Beispiel: Er hat mich zum Abschied nicht umarmt. Ist er sauer auf mich?
Dabei fokussieren wir uns so auf dieses Detail, dass wir das große Ganze vergessen (etwa dass das eigentliche Treffen total schön war).

Man könnte es so zusammenfassen: Wir Menschen kennen eine Menge Wege, uns selbst im Weg zu stehen.

Übungen können dir helfen, deine Selbstfürsorge zu verbessern, dich mehr zu akzeptieren und dein Selbstvertrauen zu steigern. So kannst du langfristig negative Gedanken stoppen und dich vor Depressionen schützen.

- **Das Selbstwertgefühl beschreibt, für wie wertvoll eine Person sich hält.**
- **Unser Selbstwertgefühl beeinflusst unsere Gedanken und unser Verhalten.**
- **Mobbing zerstört das Selbstwertgefühl.**
- **Ein geringes Selbstwertgefühl begünstigt Depressionen.**
- **Menschen mit wenig Selbstwertgefühl halten sich oft für unwichtig, schämen sich für sich und die eigenen Interessen und trauen sich selbst nichts zu.**
- **Oftmals verlieren sie den Glauben daran, dass sie ihr Leben aktiv beeinflussen können.**
- **Sie suchen den Fehler meist bei sich selbst.**
- **Ihnen fällt es häufig schwer, anderen zu vertrauen.**
- **Man kann sein Selbstwertgefühl verbessern, indem man gut für sich sorgt, lernt, sich zu akzeptieren, und Vertrauen in die eigenen Fähigkeiten gewinnt.**

2.5 DEINE GESUNDHEIT

Meinen ersten Suizidgedanken hatte ich mit zwölf. Es war der letzte Schultag vor den Sommerferien. Ich fuhr im Bus nach Hause, ein Mitschüler nannte mich »fette Sau« und spuckte mir auf den Kopf. Ich biss die Zähne zusammen und reagierte nicht darauf, weil ich ihn nicht anstacheln wollte, weiterzumachen. Er fing an, mich auszulachen, und behauptete laut, mir »würde das gefallen«. Und dann tat er es noch mal. Und der ganze Bus lachte. Ich wehrte mich nicht.

Zu Hause ging ich sofort duschen. Doch egal, wie oft und lange ich unter dem heißen Wasser stand und versuchte, die Spucke abzuwaschen – ich fühlte sie immer noch auf der Kopfhaut, auch wenn sie gar nicht mehr da war. Als ich aus der Dusche kam und mich nackt im Spiegel betrachtete, dachte ich: »Sie haben recht. Du bist wirklich eine fette Sau geworden. Guck dich doch an.« Ich sah die vielen Speckrollen, die hängende Brust, die Dehnungsstreifen.

Dann sah ich in mein Gesicht. Ich sah traurig aus. Keine Ahnung, wann ich zum letzten Mal ehrlich gelacht hatte. Ich sah aber auch eine versteckte Wut, die Wut auf die Mobber*innen und meine Lehrer*innen, die mir nicht halfen. Da waren Hilflosigkeit und Angst. Die Angst, dass es niemals aufhören würde, Angst vor der Schule und dem nächsten Tag. Da waren Einsamkeit und Scham. Da war Ekel vor mir selbst – und ganz, ganz viel Hass.

Ich fasste mir an den Kopf, an die Stelle, auf die der Junge im Bus gespuckt hatte. Eigentlich war ich gar nicht so gern am Leben.

Die Anzahl der Suizidversuche von Jugendlichen hat sich in den letzten zehn Jahren verdoppelt. Suizid ist die zweithäufigste Todesursache in dieser Altersgruppe. Es gibt Studien, die zeigen, dass in Deutschland an jedem zweiten Tag ein*e Jugendliche*r durch Suizid stirbt. Und jede*r davon ist eine*r zu viel.

Das Mobbing treibt die Opfer in eine psychische Krise. Extrem starke Gefühle wachsen in ihnen heran und erzeugen Druck: Einsamkeit, Wertlosigkeit, Hoffnungslosigkeit, dies alles addiert sich auf, bis es unerträglich wird. Wenn alle Hilfsgesuche gescheitert sind, sehen sie keinen anderen Ausweg mehr, um ihrem Leiden zu entkommen.

Im Anhang habe ich Rufnummern, Websites und Anlaufstellen für dich zusammengestellt, die dir im Falle einer psychischen Krise helfen können.

Schüler*innen, die Mobbing erfahren, denken viermal so oft über Suizid nach und versuchen doppelt so oft, sich selbst das Leben zu nehmen.

Wenn Symptome (zum Beispiel Angst, Trauer) so weit fortschreiten, dass sie einen subjektiven Leidensdruck verursachen oder die Betroffenen in wichtigen Lebensbereichen (zum Beispiel Schule, Uni, Arbeit) einschränken, dann haben sie Krankheitswert. Von Mobbing betroffen zu sein, ist ein Risikofaktor für eine ganze Reihe von psychischen Erkrankungen.

Bei Mobbing-Opfern treten deutlich häufiger auf:

- Depressionen
- Angststörungen (vor allem eine soziale Angststörungen)
- Posttraumatische Belastungsstörungen
- Suchterkrankungen
- Essstörungen

Es wird häufig unterschätzt, wie weitreichend und verbreitet die gesundheitlichen Folgen von Mobbing sind. Jede*r sechste Jugendliche, der*die Mobbing erfährt, ist bereits als junge*r Erwachsene*r depressiv. Jede dritte Depression in diesem Alter ist Folge von Mobbing. Jede*r fünfte Schüler*in in den USA hat ein psychisches Problem, das durch Traumata, soziale Isolation oder Mobbing ausgelöst wurde.

Gerade Schüler*innen, die Teil der LGBTIAQ-Community sind, sich also als schwul, lesbisch, bisexuell, trans*, inter*, asexuell oder queer identifizieren, werden häufig Opfer von Ablehnung, Diskriminierung und Mobbing.
Sie sind besonders oft von psychischen Erkrankungen infolge von Mobbing betroffen.

Nicht nur die Psyche, sondern auch der Körper kann an den Folgen von Mobbing erkranken. Für viele Betroffene hört der Stress auch zu Hause nicht auf, weil sie schon am Nachmittag an den nächsten Schultag denken, Cybermobbing erfahren oder zusätzlich familiären Problemen ausgesetzt sind. Ihr Körper bleibt unaufhörlich im Überlebensmodus. Doch ein Körper, der immer bereit ist zu kämpfen, kann irgendwann nicht mehr. Er braucht eine Pause, die er sich selbst nicht gönnen kann und will. Man spricht von chronischem Stress.

Die Betroffenen leiden unter körperlicher Erschöpfung, Konzentrationsproblemen und Schlafstörungen. Auch Magen-Darm-Beschwerden sowie Kopf- und Rückenschmerzen sind häufige Symptome. Langfristig schwächt chronischer Stress das Immunsystem und erhöht das Risiko für Schlaganfälle und andere Herz-Kreislauf-Erkrankungen.

Die Folgen von Mobbing sind also gravierend. Es ist daher wichtig, so früh wie möglich einzuschreiten, das Mobbing zu stoppen und bereits angerichtete Schäden an Körper, Gefühlen und Selbstwert zu bearbeiten.

- Mobbing-Opfer denken zwei- bis viermal so oft über Suizid nach oder unternehmen tatsächlich den Versuch, sich selbst das Leben zu nehmen.
- Sie haben ein erhöhtes Risiko für Depressionen, Angststörungen, posttraumatische Belastungsstörungen, Suchterkrankungen und Essstörungen.
- Insbesondere LGBTIAQ-Schüler*innen sind gefährdet.
- Chronischer Stress schwächt das Immunsystem und erhöht das Risiko für Herz-Kreislauf-Erkrankungen.
- Es ist wichtig, so früh wie möglich gegen Mobbing einzuschreiten, um die Folgen zu verhindern – und auch den drohenden Suizid.

2.6 DIE SPÄTFOLGEN

Letztens übernachtete mein Freund bei mir. Als ich mich morgens anziehen wollte, klaute er mir meinen Hoodie. Er wollte einen Spaß machen.

Ich bat ihn lachend, ihn mir zurückzugeben.

Er machte weiter: »Ne, den kriegst du nicht wieder.«

Ich war angespannt. Spürte, wie mein Puls und meine Atmung sich beschleunigten. Frustration stieg in mir auf. »Gib ihn jetzt«, sagte ich kühl. Als er nicht reagierte, schrie ich ihn an: »Gib ihn mir!«

Sofort drückte er mir den Pullover in die Hand. »Ich habe nur Spaß gemacht.« Er klang verunsichert.

Ich starrte den Hoodie an. Warum reagierte ich so emotional auf einen Scherz? Und dann fiel es mir ein: das Mobbing. Die vielen Situationen, in denen mir Stifte, Mäppchen, Hefte, Schultasche und Jacke geklaut, versteckt und zerstört wurden. Wie oft habe ich kleinlaut darum gebeten, Dinge zurückzubekommen, die mir gehörten. Und wie oft habe ich sie nicht oder nur kaputt zurückgekriegt.

»Alles in Ordnung?«, riss er mich aus meinen Gedanken.

»Ich könnte eine Umarmung gebrauchen.«

Alles war wie damals gewesen: die Frustration, die körperliche Anspannung, die Wut. Mein Kopf wusste noch genau, wie er auf Situationen wie diese reagiert hatte. Ich fragte mich, was noch abgespeichert war. Ob es noch mehr solcher Gefühle und Gedanken in mir gab, die wie auf Knopfdruck abrufbereit warteten.

Also fing ich an zu sammeln:

- Das Gefühl, meine Meinung nicht sagen zu dürfen.
- Die Angst zu sagen, dass mir etwas gefällt, weil ich dafür ausgelacht oder belächelt werden könnte.

- Der Gedanke, dass Menschen, die lachen, über mich lachen. Vor allem wenn es Jugendliche sind.
- Dass ich oft »Entscheide du, was wir unternehmen« oder »Mir egal, was wir essen« sage.
- Das Gefühl, keinen Platz in der Welt einnehmen zu dürfen.
- Dass es mir noch heute schwerfällt, Dinge zu benennen, in denen ich gut bin.
- Das Gefühl, im Weg zu sein und anderen zur Last zu fallen.
- Dass ich dazu neige, meine Bedürfnisse einfach zu ignorieren, anstatt sie zu befriedigen.
- Dass ich ungern im Mittelpunkt stehe.
- Der Gedanke, dass meine Freund*innen mehr Spaß hätten, wenn ich nicht dabei wäre.
- Der Gedanke, dass sie nur aus Mitleid Zeit mit mir verbringen.
- Dass ich essen will, wenn ich gestresst bin.
- Das Gefühl, nichts richtig gut zu können.
- Die Angst, mich zu öffnen und verwundbar zu machen.
- Dass es mir schwerfällt, mich selbst als Autor zu bezeichnen. Ich mache häufig Anführungszeichen in die Luft, wenn ich mich so nenne. Als wäre ich zwar irgendwie Autor, aber eben kein »richtiger«.
- Dass ich mir die Schuld für Dinge gebe, für die ich nichts kann.
- Dass ich oft »Das kann ich nicht« zu Dingen sage, die ich noch nie ausprobiert habe.
- Meine wiederkehrende Depression.
- Dass ich Albträume von damals habe, die mich meist noch lange mitnehmen.

Dafür, dass das Mobbing bereits fünfzehn Jahre zurücklag, wurde meine Liste erstaunlich lang. Wie oft schon waren diese Erfahrungen durch ein Wort, einen Satz – eine Geste? – abgerufen worden, ohne dass ich mir darüber hatte Rechenschaft ablegen können. War ich noch heute den Folgen des Mobbings einfach ausgeliefert, obwohl ich so sehr daran gearbeitet hatte, diese Zeit und die negativen Erfahrungen zu überwinden? Wenn du noch als Erwachsene*r nachts schweißgebadet aufwachst, weil du von der Schulzeit träumst, dann hat das Mobbing nicht nur ein paar Stifte und Jacken kaputt gemacht, sondern auch was ganz tief drin.

Ich fragte auch auf Twitter, ob noch jemand Spätfolgen des Mobbings bemerkte. Hier nur ein paar der Antworten, die ich in den nächsten Tagen erhielt:

WENN ICH DARAUF ZURÜCKSCHAUE, TUT ES IMMER NOCH WEH. (ANNALENA N.)

ICH FINDE MICH DUMM (TROTZ MASTERABSCHLUSS), HÄSSLICH, DICK UND WERTLOS. MEINER MEINUNG NACH BIN ICH DEFINIERT DURCH MEINE UNZULÄNGLICHKEITEN. ICH BIN GLÜCKLICH, DASS ICH EINEN KREIS WUNDERVOLLER MENSCHEN UM MICH HABE. ABER ICH VERTRAUE NIE GANZ DARAUF, DASS ICH NICHT IN DER NÄCHSTEN SEKUNDE ALLES VERLIEREN WERDE. (NADJA Z.)

ES IST SCHON ÜBER ZWÖLF JAHRE HER, DOCH DIE NACHWIRKUNGEN SIND IM ALLTAG NOCH DA. ZUM BEISPIEL FÄLLT ES MIR SCHWER, NEUE KONTAKTE ZU KNÜPFEN. (VANESSA S.)

Viele Betroffene spüren noch Jahre und Jahrzehnte nach ihrer Schulzeit die Folgen, schloss ich daraus. Schließlich waren dies Gedanken, Gefühle und Verhaltensweisen, die wir über Jahre gelernt hatten – und die nicht einfach so verschwanden. Manche davon waren damals sinnvoll, haben uns geschützt: Wenn du deine Meinung nicht sagst, kannst du nicht anecken. Wenn dich niemand bemerkt, kann dir niemand etwas tun. Wenn du deine Gefühle nicht zeigst, machst du dich nicht verwundbar.

Einige der Spätfolgen von Mobbing waren damals Schutzmechanismen, die wir verinnerlicht haben und die bis heute wirksam sind.

Heute brauchen wir diese Schutzmechanismen eigentlich nicht mehr. Wir dürfen unsere Meinung sagen, auch wenn wir damit anecken. Niemand tut uns etwas, auch wenn wir bemerkt werden. Aber wie werden wir sie wieder los?

Indem wir unsere Gedanken, Gefühle und Verhaltensweisen achtsam hinterfragen, so habe ich es inzwischen gelernt. Warum denken, fühlen oder handeln wir so? Hat das mit dem Mobbing damals zu tun? Haben wir etwas als Spätfolge identifiziert, können wir es logisch einordnen und in Zukunft besser damit umgehen: Natürlich wollen meine Freund*innen mich dabeihaben. Ich zweifle nur daran, weil ich damals so oft ausgeschlossen wurde. Nachdem ich die Situation reflektiert und die Spätfolge identifiziert hatte, habe ich mich bei meinem Freund entschuldigt: »Tut mir leid, wie ich reagiert habe. Das waren alte Gefühle aus meiner Mobbing-Zeit, die da wieder hochkamen. Es war eine ähnliche Situation wie damals. Es ist wie ein kleines Trauma, weißt du?« Ich glaube, er hat es verstanden. Und ich auch. Falls das noch mal passieren sollte, bin ich vorgewarnt und kann entsprechend reagieren. (Probiere diese Übung aus: Ein Brief an mich)

Es ist okay und unvermeidlich, dass wir Narben haben. Aber es ist wichtig zu wissen, woher sie kommen und wie sie uns beeinflussen.

- Die meisten Menschen, die Mobbing erlebt haben, berichten von Spätfolgen.
- Einige spüren die Folgen selbst Jahrzehnte nach Ende des Mobbings noch.
- Die Gefühle, Gedanken und Verhaltensweisen, die uns heute belasten, haben uns damals beschützt.
- Es ist wichtig, Spätfolgen als solche zu erkennen, damit wir sie einordnen und entsprechend mit ihnen umgehen können.

TIPPS FÜR ELTERN

MOBBING ERKENNEN

Viele Kinder schämen sich dafür, gemobbt zu werden. Sie möchten nicht, dass ihre Eltern wissen, was in der Schule passiert, und sagen deshalb nichts. Manchmal trauen sie sich auch einfach nicht. Zum Beispiel weil sie Angst haben, nicht ernst genommen zu werden. Oder weil sie vermuten, dass die Schuld bei ihnen gesucht werden könnte.

Doch es kann nur helfen, wer Bescheid weiß. Und je länger das Mobbing stattfindet, desto schlimmer sind die gesundheitlichen Folgen. Falls dein Kind dir nicht selbst vom Mobbing erzählt, können folgende Anzeichen darauf hinweisen:

- Die Kleidung ist dreckig oder beschädigt.
- Dein Kind hat Verletzungen (zum Beispiel blaue Flecke, Schürfwunden), die es nicht erklären kann.
- Dein Kind verliert Kleidung, Schulsachen oder Wertgegenstände.
- Dein Kind hat morgens Angst, in die Schule zu gehen.
- Dein Kind kann abends nicht einschlafen oder hat Albträume.
- Die Noten verschlechtern sich ohne offensichtlichen Grund.
- Dein Kind klagt vor der Schule über Bauch- oder Kopfschmerzen.
- Dein Kind ist sichtlich angespannt.
- Dein Kind trifft sich außerhalb der Schule nicht mit Mitschüler*innen
- Dein Kind ist häufig traurig.
- Dein Kind erzählt wenig über die Schule.

Falls du die Vermutung hast, dass dein Kind gemobbt wird, dir aber nichts davon erzählt, dann solltest du das Gespräch mit ihm suchen. Sprich das Thema in einer ruhigen Minute vorsichtig an. Sag deinem

Kind, was dir aufgefallen ist und warum du dich sorgst. Nimm ihm gleich zu Beginn des Gesprächs mögliche Scham und Ängste. Mach ihm deutlich, dass du da bist, um es zu unterstützen, falls es das möchte.

Du könntest zum Beispiel sagen:

- »Mir ist aufgefallen, dass du in letzter Zeit schlechtere Noten mit nach Hause bringst. Ist alles in Ordnung? Kann ich dir irgendwie helfen?
- »Wenn irgendwas los ist, kannst du mir das immer sagen. Ich will, dass du weißt, dass ich immer hier bin, um dich zu unterstützen.«
- »Du siehst traurig aus. Willst du darüber reden? Du kannst mir alles sagen.«
- »In letzter Zeit hast du ganz schön oft Bauchschmerzen morgens. Ich habe mich gefragt, ob das vielleicht etwas mit der Schule zu tun hat?«

Nimm dir Zeit für das folgende Gespräch. Lass dein Kind frei erzählen. Es ist vielleicht das erste Mal, dass es sich traut rauszulassen, was sich womöglich über Wochen oder Monate aufgestaut hat. Zeig ihm, dass du ihm zuhörst, dass es dir vertrauen kann und dass du seine Erfahrungen ernst nimmst.

Selbst wenn dir nicht sofort eine Möglichkeit einfällt, das Problem zu lösen, hilft es oft schon, nicht allein damit zu sein. Sobald man einer anderen Person von einem Problem erzählt und sich ernst genommen gefühlt hat, trägt man es nicht mehr allein auf den Schultern. Du bist jetzt mit im Boot. Dein Kind ist nicht mehr allein verantwortlich. Und bestimmt ist da auch die Hoffnung, dass das Mobbing mit deiner Hilfe bald beendet sein könnte. Ich spreche aus Erfahrung, wenn ich sage: Das ist eine riesige Erleichterung.

3

WAS DU WISSEN MUSST

3.1 DU BIST NICHT SCHULD

ICH HABE NIE VERSTANDEN, WARUM ALLE GEGEN MICH WAREN UND KEINER MIT MIR BEFREUNDET SEIN WOLLTE. ICH HATTE DOCH NIEMANDEM ETWAS GETAN. (DENISE K.)

MEINE MUTTER HAT NUR GESAGT, ICH SOLL NICHT SO EMPFINDLICH SEIN UND LIEBER AUF MICH SCHAUEN ALS AUF ANDERE. (SOPHIE B.)

ICH SOLL MAL DARÜBER NACHDENKEN, WORAN ES LIEGT, HAT MAN MIR GESAGT. (MARIE S.)

MEINE LEHRERIN MEINTE, DASS ICH MAL ÜBERLEGEN SOLL, OB ICH NICHT SELBST DAFÜR VERANTWORTLICH BIN. (NORA F.)

MEIN VATER HAT NUR GESAGT, ICH SEI DOCH SELBST DARAN SCHULD. (EMIL B.)

Nein, du bist nicht schuld. Egal, wer versucht, dir das einzureden: ob deine Lehrer*innen, deine Eltern oder du dir selbst. Egal, wer sich warum an dir stört: Niemand hat das Recht, dir etwas zu tun, weil du anders aussiehst als andere, dich anders verhältst oder andere Dinge magst oder gar keinen Grund nennen könntest, warum ausgerechnet dir so etwas passiert – am besten versuchst du gar nicht erst, den Grund zu erraten, denn du liegst bestimmt falsch, weil die anderen gar keinen Grund brauchen. Du hast Unrecht erfahren, du bist Opfer geworden.

Die Schuld liegt ganz allein bei den Täter*innen. Und doch tun viele Lehrkräfte Mobbing-Probleme mit falschen Schuldzuschreibungen ab. Dein Mut, sich Hilfe zu suchen, trifft dann auf taube Ohren.

Es ist nicht deine Schuld.

TIPPS FÜR LEHRKRÄFTE

DU MUSST DICH BESSER ANPASSEN

Obwohl die Schuld für das Mobbing nicht bei den Betroffenen liegt, hören sie immer die gleichen falschen Sätze von Eltern und Lehrkräften:

- »Du musst dich besser anpassen!«
- »Du bist zu sensibel!«
- »Du darfst ihnen keine Aufmerksamkeit schenken!«

Du musst, du bist, du darfst. Das könnte man zusammenfassen als: Du bist das Problem.

Uns allen ist hoffentlich klar, wie falsch und ungerecht das ist. Kein*e Schüler*in ist das Problem, nur weil er*sie ...

... nicht so sein will, wie die Täter*innen es wollen.
... äußert, was ihn*sie stört.
... es nicht einfach über sich ergehen lässt, was man ihm*ihr antut.

Liebe Lehrer*innen, ich schreibe jetzt etwas, das so offensichtlich ist, dass ich mich schäme, es überhaupt aufschreiben zu müssen: Schuld an einer Tat hat der*die Täter*in und nicht das Opfer.

Denkt daran, was für eine Botschaft ihr euren Schüler*innen oder eurem Kind sendet, wenn ihr sie verantwortlich macht, denn dann geht es im Kopf sofort los mit Gedanken wie: »Ich bin das Problem. Ich bin nicht okay, so wie ich bin. Dass meine Mitschüler*innen mir wehtun, ist nachvollziehbar. Das habe ich verdient. Ich muss mich anpassen.« Diese Botschaft wollt ihr nicht senden. Sie ist Gift für jedes Selbstwertgefühl.

Anstatt also dem Opfer vorzuschreiben, was es muss, ist und darf, richtet eure Anweisungen in Zukunft doch an die Täter*innen:

- »Du musst ihn einfach mit in deine Gruppe integrieren!«
- »Du bist zu unsensibel!«
- »Du darfst ihm*ihr nicht wehtun!«

Und den Betroffenen könnt ihr stattdessen Folgendes sagen: Du darfst so sein, wie du bist, und solltest dich niemals verändern, nur um anderen zu gefallen. Deine Empfindsamkeit kannst du nicht ausschalten. Und das musst du auch gar nicht. Sie hilft dir, deine Bedürfnisse im Blick zu behalten, damit du gut für dich sorgen kannst. Das ist wertvoll. Du solltest dich immer wehren und auf Unrecht aufmerksam machen, wenn es geschieht. Denn ein Kind, das gemobbt wird, muss sich niemandem anpassen. Es muss nur eins: so sein dürfen, wie es ist.

Wo Unrecht geschieht, gibt es Freiräume, die das unterstützen, Pausen ohne Aufsicht, Lehrer*innen, die wegschauen und Situationen schönreden. Kein Wunder, dass die nicht immer gerne hören, was so hinter ihrem Rücken passiert. Weil sie sich an die eigene Nase fassen müssten.

Weil sie aktiv werden müssten. Etwas ändern müssten. Doch deswegen ist es noch lange nicht richtig, was unbeobachtet geschieht.

Aber es beantwortet vielleicht eine der drängendsten Fragen, die sich Betroffene ständig stellen: Warum wird Schüler*innen, die gemobbt werden, immer das Gefühl gegeben, dass sie das Problem sind? Die Täter*innen sind das Problem!

Wenn Opfer zu Täter*innen gemacht werden, spricht man auch von Täter-Opfer-Umkehr. Sie beruht auf einem Phänomen, das man den Glauben an eine gerechte Welt nennt. Was das bedeutet? Nun, die Menschen denken, dass nichts auf der Welt ohne Grund passiert. Und der einfachste Schluss, den man ziehen kann, ist: Wenn anderen Schlechtes widerfährt, liegt das daran, dass sie etwas falsch gemacht haben. Punkt.

Dieser Gedanke ist nicht nur so beliebt, weil er so naheliegend ist. Ihm liegt auch eine Überzeugung zugrunde, eine Sicherheit, in der wir alle uns gerne wiegen: Die Welt ist gerecht und wenn ich mich richtig verhalte, kann mir nichts geschehen.

Es ist grundsätzlich okay, sich sicher fühlen zu wollen – versteht mich nicht falsch. Doch es wird kompliziert, wenn Opfer deswegen zu Täter*innen gemacht werden. Und wenn einem*einer Schüler*in, der*die gemobbt wird, unterstellt wird, selbst schuld daran zu sein.

Denn die Welt ist nicht immer gerecht. Es muss nicht jemand etwas falsch machen, nur um gemobbt zu werden. Wir kennen das auch von anderen Vergehen, etwa wenn einem Vergewaltigungsopfer eine Mitschuld zugesprochen wird, weil ihr Rock zu kurz gewesen sei oder sie sich um diese Uhrzeit nicht im Park hätte aufhalten dürfen. Solche Taten rütteln am Fundament unserer Welt. Also klammern wir uns an schlichte Überzeugungen wie: Die Welt ist gerecht. Sie muss etwas falsch gemacht haben, sonst wäre sie nicht vergewaltigt worden. Nein! Die Schuld liegt immer beim Täter.

Bei der Täter-Opfer-Umkehr wird das Opfer für die Tat verantwortlich gemacht.

Du siehst: Dieser Irrglaube, die Welt sei unbedingt gerecht, kann gefährlich sein. Die Welt ist nicht immer gerecht oder schön oder einfach. Jeden Tag geschieht viel Unrecht auf der Welt. Kinder verhungern, Unschuldige sterben in Kriegen. Manche Schicksale bleiben ohne sinnvolle Erklärung. Manche Menschen leiden oder sterben und es ist unbegründet und unfair. Damit müssen wir uns leider abfinden.

Doch so falsch die Annahme einer gerechten Welt ist, so fadenscheinig und verletzend sind die Begründungen – ja Rechtfertigungen –, mit denen wir diesen Glauben immer wieder zu belegen suchen.

Menschen dürfen anziehen, was sie möchten, und sich aufhalten, wo und wann sie wollen, ohne damit ihr Recht auf körperliche Selbstbestimmung und Unversehrtheit zu verwirken. Ich könnte mitten in der Nacht nackt durch den Park laufen und es würde niemandem das Recht geben, mir irgendwas zu tun. Menschen haben Grundrechte. Sie haben ein Recht auf Unversehrtheit. Und das wird nicht aufgehoben, weil du irgendwas anziehst oder dich irgendwann irgendwo aufhältst. Und das gilt auch für Mobbing. Egal, wie anders du aussiehst, wie seltsam du dich angeblich verhältst oder wie speziell dein Geschmack ist: Niemand darf dir etwas tun.

Die Welt ist nicht gerecht.
Doch viele Menschen möchten so sehr daran glauben, dass sie Gründe erfinden, warum ein Opfer zum Opfer geworden ist – und ihm damit die Schuld an dem Unrecht geben, das ihm widerfahren ist.

- » Nicht du bist schuld, sondern die Täter*innen.
- » Der Glaube daran, dass die Welt gerecht ist, gibt Menschen Sicherheit. Das rechtfertigt aber nicht, Ungerechtigkeit zu ignorieren, nur damit Satz eins in Kraft tritt.
- » Bei der Täter-Opfer-Umkehr wird das Opfer für die Tat verantwortlich gemacht.
- » Dafür werden fadenscheinige Begründungen herangezogen.
- » Du musst dich niemandem anpassen. Du darfst so sein, wie du bist.

3.2 DU BIST NICHT ALLEIN

UND DAS SCHLIMMSTE FÜR MICH WAR: ICH WAR ALLEIN UND MIR WURDE NICHT GEGLAUBT. (ASHTON L.)

DIE SCHULE WOLLTE DAVON NICHTS WISSEN. ALS MEINE ELTERN MIT DEM SCHULLEITER SPRACHEN, BEHAUPTETE ER, ICH WÜRDE LÜGEN. (MILANA K.)

ICH HÄTTE MIR EINFACH GEWÜNSCHT, DASS JEMAND WIRKLICH HINTER MIR STEHT. (KIM D.)

MIR HAT NIEMAND GEGLAUBT. DAS WAR SCHLIMM. (CHIARA F.)

ICH HABE MICH DAMALS FURCHTBAR ALLEINGELASSEN GEFÜHLT. (SALOME M.)

Mobbing läuft nach dem Prinzip »Einer gegen alle und alle gegen einen« ab. Kein Wunder, dass man als Betroffener denkt: »Ich bin allein mit diesem Problem.« Doch das stimmt nicht. Mobbing ist ein Massenphänomen. Viele machen das Gleiche durch wie du oder haben es schon durchgemacht.

Jede*r achte Schüler*in wird gemobbt. Das sind über eine Millionen betroffene Kinder und Jugendliche allein in Deutschland und etwa drei bis vier pro Klasse. Am häufigsten ist Mobbing in der Unter- und Mittelstufe. In der sechsten Klasse wird fast jede*r Dritte gemobbt. Warum gibt es gerade in manchen Jahrgangsstufen so viele Vorfälle? Das liegt daran, dass junge Täter*innen häufig ihr Opfer innerhalb der Klasse wechseln, während ältere Täter*innen oft konstant dieselbe Person mobben.

Mit dem Ende der Schullaufbahn endet Mobbing nicht plötzlich, schließlich machen auch die Täter*innen ihren Abschluss. Du wirst am Arbeitsplatz gemobbt? Auch du bist nicht allein. Etwa achthunderttausend Menschen in Deutschland geht es genauso. Im Verlauf des Arbeitslebens wird jede*r Neunte mindestens einmal gemobbt. Ja, das ist scheiße. Mobbing ist schrecklich und ich wünsche es niemandem. Aber es bedeutet, dass du Ansprechpartner hast, die Erfahrungen mit dir teilen und dir Tipps geben können. Menschen, die dich besser verstehen als die meisten, die nicht gemobbt wurden. Du bist nicht allein.

Egal, ob du in der Schule oder am Arbeitsplatz gemobbt wirst: Du bist nicht allein.

ALLEINGELASSEN

Die Schulglocke läutet und meine Mitschüler*innen strömen nach und nach aus dem Klassenzimmer. Ich sitze an meinem Platz und packe extralangsam zusammen. Ich will nicht in die Pause. Oder besser gesagt: Ich kann nicht in die Pause. Gestern hat Daniel mir ins Gesicht geschlagen. Er hat mir schon viel angetan, aber so schlimm war es noch nie gewesen. Ich kam zehn Minuten zu spät in die fünfte Stunde, weil ich auf der Toilette saß und darauf wartete, dass meine Nase aufhörte zu bluten. Gestern, da wollte ich nicht, dass jemand Fragen stellt. Aber jetzt, wo ich hier sitze und die Pause begonnen hat, habe ich so Angst, dass es wieder passiert. Dass er mich wieder blutig schlägt. Warum lässt er mich nicht in Ruhe? Ich kann so nicht in die Pause.

Plötzlich steht Herr Klüber vor meinem Tisch. »Na los, Norman, ich will hier zumachen.«

Ich senke den Blick. »Ich kann nicht.«

»Was soll das heißen, du kannst nicht?« Er stellt seine Tasche auf meinem Tisch ab.

Ich sehe ihn an. Er sieht ungeduldig und genervt aus, als hätte er es eilig. »Das bringt nichts«, schießt es mir durch den Kopf. »Er wird dir nicht helfen.« Aber in die Pause rauszugehen, ist auch keine Option. Also nehme ich meinen ganzen Mut zusammen: »Daniel hat mir gestern ins Gesicht geschlagen und ich habe Angst, dass es wieder passiert.«

Er scheint zu überlegen. »Habt ihr euch gestritten?«

»Nein«, sage ich sofort. »Ich stand da an der Tischtennisplatte und habe mein Pausenbrot gegessen. Da kam er plötzlich auf mich zu und hat mich geschlagen.«

»Einfach so?«

»Ja!«, rufe ich.

Wieder überlegt er. »Wahrscheinlich wollten sie dich ärgern und haben dabei ein bisschen über die Stränge geschlagen. So sind Jungs eben!«

So sind Jungs eben? So ein Blödsinn! Ich bin auch ein Junge und schlage trotzdem nicht einfach Leuten ins Gesicht. »Meine Nase hat geblutet!«

»Jetzt übertreibst du aber.«

Er glaubt mir nicht. Meine Nase hat geblutet und er glaubt mir nicht.

»Du darfst das nicht so eng sehen.« Er zuckt mit den Schultern. »Die ärgern dich nur!« Dann nimmt er die Tasche in die Hand und geht zur Tür. »Na komm, ab in die Pause, damit ich abschließen kann.«

Und schon ließ er mich wieder allein. Dabei war es das erste Mal, dass ich mich jemandem geöffnet und um Hilfe gebeten hatte. Aber es sollte nicht das letzte Mal gewesen sein. Wer etwas sagt, fühlt sich weniger allein, denn er sucht sich Mitstreiter*innen für seine Sache.

Lehrer*innen nehmen nur einen Bruchteil des Mobbings wahr, das Schüler*innen erleben. Das zeigen Studien immer wieder auf. Häufig bekommen sie zwar mit, was geschieht, fühlen sich aber nicht zuständig oder wissen einfach nicht, was sie dagegen unternehmen sollen. Also ignorieren sie es – oder reden das Problem klein. Was sie damit eigentlich tun: Sie lassen die Opfer allein mit ihrem Problem. Alleinsein kann richtig wehtun. Wie schlimm ist es dann erst, wenn man alleingelassen wird, sich also eine Lehrkraft aktiv dazu entscheidet, dich nicht ernst zu nehmen, nicht aufmerksam zu sein und nicht einzugreifen? Das hinterlässt leider oft noch einmal Spuren bei den Opfern. Man könnte von Mittätern sprechen.

> **Lehrkräfte nehmen häufig nicht wahr, dass Schüler*innen gemobbt werden. Sie greifen nicht ein – und verletzen die Opfer damit ein weiteres Mal.**

Du bist nicht allein, auch wenn deine Lehrer*innen dir manchmal dieses Gefühl vermitteln. Heute weiß ich, was ich damals besser zu meinem Lehrer gesagt hätte: »Wer hat heute Pausenaufsicht? Würden Sie diese*n Kolleg*innen bitte darauf aufmerksam machen? Es wäre gut, wenn ich jemanden auf meiner Seite wüsste«, oder: »Das hier ist Mobbing und nicht mehr Ärgern. Nehmen Sie mich ernst und lassen Sie mich nicht allein.«

DIE ÄRGERN DICH NUR

Wer Schüler*innen, die um Hilfe bitten, nicht ernst nimmt und ihre Sorgen kleinredet, gibt ihnen das Gefühl, allein mit ihrem Problem zu sein. Lehrkräfte sollten darauf achten, folgende Formulierungen zu vermeiden:

»DIE ÄRGERN DICH NUR!«

Es ist nur ärgern? Nur ein Spiel, nur ein Scherz? Du hältst das Problem also für unbedeutsam? Aber du steckst nicht in der Haut der Hilfe suchenden Person. Du weißt nicht, wie es sich für sie anfühlt. Für sie ist es vielleicht kein Spiel oder etwas, das sie lustig findet. Ihr bereitet es offensichtlich Kummer. Und das sollte Grund genug sein, um es ernst zu nehmen. »Die ärgern dich nur!« übersetzen Schüler*innen ungefähr so: Deine Wahrnehmung ist falsch und dein Leiden ist nicht wichtig.

»ANDERE WERDEN WIRKLICH GEMOBBT!«

Jedes Hilfegesuch und jedes Leid ist zulässig. Ja, natürlich, es gibt immer jemanden, dem*der es noch schlechter geht. Doch Leid ist subjektiv und hört nicht plötzlich auf, weil andere objektiv schlimmer dran sind. Das Leid einer Person orientiert sich nicht an einer sozialen Rangliste. Es darf nicht nur der*dem schlecht gehen, die*der es am schwersten hat. Es würde doch auch keiner sagen: Ey, hör gefälligst auf, glücklich zu sein! Andere sind viel glücklicher als du!

Dass es jemandem schlechter geht als mir, macht meine Situation nicht besser.

»SO SIND KINDER NUN MAL!«

Nein, Mobbing ist kein Normalzustand, keine Tatsache, die man einfach hinnehmen muss. Mobbing ist körperliche und psychische Gewalt. Wer »So sind Kinder nun mal!« sagt, stellt Mobbing als normal dar und sagt Betroffenen durch die Blume: Du kannst daran nichts ändern. Du kannst es nicht beeinflussen. Also finde dich damit ab.

Liebe Lehrer*innen, wenn ihr das Leid eurer Schüler*innen nicht ernst nehmt, gebt ihr ihnen das Gefühl, wertlos und machtlos zu sein. Das schadet langfristig ihrem Selbstwertgefühl. Anstatt das Problem zu verharmlosen, zeigt doch bitte Mitgefühl und bietet eure Hilfe an. Verweist betroffene Schüler*innen auch gerne an Kolleg*innen, die diesbezüglich vielleicht mehr Kompetenz haben. Zeigt den Betroffenen, dass ihr Mitstreiter*innen seid! Auch dann fühlen sich Mobbing-Opfer nicht mehr so allein in ihrer Hilflosigkeit.

- **Jede*r achte Schüler*in wird gemobbt. In der Unter- und Mittelstufe kommt Mobbing am häufigsten vor: Fast jede*r Dritte ist betroffen.**
- **Jede*r Neunte wird im Verlauf seines Lebens mindestens einmal am Arbeitsplatz gemobbt.**
- **Lehrkräfte nehmen nur einen Bruchteil des Mobbings wahr, das Schüler*innen erleben.**
- **Mir darf es schlecht gehen, auch wenn es Menschen gibt, denen es noch schlechter geht.**
- **Lehrkräfte, die Mobbing verharmlosen, schaden langfristig dem Selbstwertgefühl ihrer Schüler*innen.**
- **Liebe Schüler*innen: Ihr seid nicht allein.**
- **Liebe Lehrkräfte: Nehmt Mobbing ernst!**

3.3 DU DARFST DICH WEHREN

WENN ICH MICH GEWEHRT HABE, WAR ICH DER SCHULDIGE UND HABE DEN STRESS BEKOMMEN. DIE LEHRER GLAUBTEN MIR NICHT. (SASCHA K.)

MEINE MUTTER UND MEIN KLASSENLEHRER HABEN GESAGT, ICH SOLL ES EINFACH AN MIR ABPRALLEN LASSEN, ABER SO »EINFACH« IST DAS HALT NICHT. (TONI K.)

MIR WURDE GESAGT, ICH SOLL ES NICHT BEACHTEN. DAS HAT NATÜRLICH NICHT GEHOLFEN – ES GING EINFACH WEITER. (BIANCA S.)

ICH BEKAM DEN TIPP, ES ZU IGNORIEREN. (STEFFEN G.)

Du musst es nicht ignorieren, du musst es nicht über dich ergehen lassen, du musst es nicht aushalten. Du darfst dich wehren. Das Grundgesetz hält fest: »Jeder hat das Recht auf Leben und körperliche Unversehrtheit.« Das gilt auch für dich, auch dir steht das zu. Dich zu verteidigen, wenn du angegriffen wirst, ist Notwehr. Dafür kann dich niemand bestrafen. Und falls deine Lehrer*innen dir nicht glauben, zögere bitte nicht, dich an die nächsthöhere Stelle zu wenden.

Sich wehren – viele wissen gar nicht richtig, wie das geht. Wer sich entschieden hat, auf Gewalt zu verzichten, wer nie richtig zugeschlagen hat oder eher schmächtig ist, der kann das vielleicht gar nicht (mir ging das damals ganz genauso). Dabei geht es nicht mal so sehr darum, groß und stark zu sein. Viel entscheidender ist, im richtigen Moment

Hilfen zu aktivieren. Also Erwachsenen Bescheid zu geben, die deine Unversehrtheit sicherstellen. Das hat auch nichts mit Petzen zu tun, du verteidigst dich einfach nur. Aber natürlich, vielleicht hilft es dir auch, einen Ju-Jutsu-Kurs zu belegen, um dein Selbstvertrauen zu stärken.

Du darfst dich zur Wehr setzen.

IGNORANZ LÖST KEINE PROBLEME

Stellt euch vor, ihr habt Schmerzen und geht zu einer*einem Ärzt*in. Die sagt zu euch: »Wenn Sie die Schmerzen ignorieren, hören Sie irgendwann auf.« Ich würde schleunigst aus dieser Praxis verschwinden.

Okay, hier ein anderes Beispiel: Ein*e Freund*in erzählt euch, dass er beschlossen hat, seinen Briefkasten einfach nicht mehr zu öffnen. »Seit ich das mache, kriege ich viel weniger Rechnungen«, sagt er. Ich würde bei ihm erst einmal den Handrücken an die Stirn halten, um abzuchecken, ob der Arme vielleicht Fieber hat.

Der Punkt ist klar geworden, oder? Ignorieren hat noch nie irgendein Problem gelöst. Im Gegenteil: Meist wird es dadurch nur schlimmer. Nicht umsonst haben Schmerzen in unserem Körper eine wichtige Funktion: Sie sollen uns warnen. Irgendwas ist nicht okay! Nimm deinen Finger von der Herdplatte. Belaste dein angebrochenes Bein nicht. Lass dich untersuchen, etwas stimmt nicht. Wer das ignoriert, verpasst es, die Schmerzursache auszumachen und etwas dagegen zu unternehmen. Die Konsequenzen sind oft noch viel schlimmer, denn das Problem schrumpft nicht, nur weil man es ignoriert: Der Finger verbrennt, der Tumor wächst. Das gilt auch für Mobbing. Wer dazu rät, Mobbing zu ignorieren, hält es nicht auf und überlässt die Betroffenen den Folgen.

Schmerzen sind ein wichtiges Warnsignal des Körpers: Etwas ist nicht in Ordnung, bitte ändern! Auch wer unter Mobbing leidet, empfindet Schmerzen.

TIPPS FÜR LEHRKRÄFTE

WENN DU SIE IGNORIERST, HÖREN SIE IRGENDWANN AUF

Doch genau das hat meine Lehrerin getan: Sie hat mir empfohlen, meine Mobber zu ignorieren:

- »Ignorier sie einfach!«
- »Wenn du sie ignorierst, hören sie irgendwann auf!«
- »Sie werden den Spaß daran verlieren!«

Also habe ich ihr geglaubt und aufgehört, auf die Attacken zu reagieren. Jedes Mal habe ich aufs Neue versucht, keine Emotionen zu zeigen. Mir nichts anmerken zu lassen. Nicht zu weinen. Ich habe alles stumm über mich ergehen lassen, die Beleidigungen, Schläge, Tritte. Das Mobbing zu ignorieren, war alles andere als »einfach«. Erst haben sie mich ausgelacht: Mir würde das gefallen. Als ich weiterhin nicht reagiert habe, wurden sie gemeiner, haben fester zugeschlagen. Sie wollten meine Reaktion erzwingen. Und sind dafür extra so weit gegangen, dass ich reagieren musste. Dann habe ich geweint und sie angebrüllt, dass sie aufhören sollen, aber dadurch haben sie genau das bekommen, was sie wollten. Aber ich habe es wieder und wieder versucht. Und ich habe probiert, so gut es ging, das zu tun, was meine Lehrerin gesagt hat: sie zu ignorieren. Doch sie haben nicht aufgehört.

Am Ende war ich nur noch eine Hülle, habe überhaupt nicht mehr reagiert: wenn ich geärgert wurde, wenn ich angesprochen wurde. Ich hatte gelernt, meine Bedürfnisse auszublenden, die Erniedrigung und den Schmerz auszuhalten. Ich wurde unsichtbar. Also bitte, liebe Lehrkräfte: Hört auf, das zu sagen. Setzt diese furchtbare Idee nicht in die Köpfe eurer Schüler*innen. Sie hat langfristige Folgen.

Wenn du sie ignorierst, hören sie trotzdem nicht auf.
Sie verlieren nicht »irgendwann« den Spaß daran. Sie machen so lange weiter, bis du reagierst.
Bis nichts mehr von deinem Selbstwertgefühl übrig ist.

Was damals mit mir passiert ist, nennt man in der Psychologie erlernte Hilflosigkeit. Wer Betroffenen rät, sie könnten das Mobbing beenden, indem sie es ignorieren, bringt ihnen Tag für Tag bei, Leid einfach über sich ergehen zu lassen, auszuhalten und die eigenen Bedürfnisse zurückzustellen. Die Opfer lernen stummes Leiden als sinnvolle Problemlösestrategie kennen. Doch das schadet ihrer Selbstwirksamkeitserwartung, denn sie werden auch in Zukunft nicht mehr versuchen, sich zu wehren.

Opfer, die Mobbing ignorieren und das Leid einfach so ertragen, lernen, dass sie hilflos sind. Sie werden sich auch in Zukunft nicht wehren.
Erlernte Hilflosigkeit hat lebenslange Folgen.

Erstmals haben Forscher dieses Prinzip der erlernten Hilflosigkeit an Hunden nachgewiesen, die schwachen Stromschlägen ausgesetzt wurden. Einige der Tiere hatten die Möglichkeit, die Stromschläge zu beenden, indem sie einen kleinen Hebel drückten. Der Rest von ihnen war jedoch den Stromschlägen hilflos ausgesetzt.

Am nächsten Tag wurden die Hunde jeweils in eine Box gesetzt, die durch einen Tunnel mit einer anderen Box verbunden war. Während sie in der ersten Box Stromschläge erhielten, waren sie in der zweiten sicher. Fast alle Hunde, die am Vortag per Hebel die Stromschläge abschalten konnten, flohen in die sichere Box. Die Hunde aber, die nichts hatten tun können, um die Stromschläge zu stoppen, blieben zumeist einfach liegen und ertrugen den Schmerz. Sie hatten gelernt, dass sie dem unsichtbaren Gegner hilflos ausgeliefert waren.

Ich war der Hund, meine Mobber waren die Stromschläge und meine Lehrerin, die mir geraten hatte, mich nicht zu wehren, war der fehlende Hebel, denn ihr Eingreifen hätte dem Treiben ein Ende machen müssen. Irgendwann war ich mir so sicher, den Schmerz ertragen zu müssen, dass ich den Tunnel auf die andere Seite nicht mehr sah. Besser wäre es gewesen, ich hätte mich gewehrt und mich nicht abspeisen lassen. Wer echte Hilfe einfordert, der wird aktiv und macht eine andere Erfahrung: Dann lernt man, dass man selbstwirksam sein kann. Ich hatte gelernt, dass ich hilflos war. Dabei stimmte das doch gar nicht. Mir fehlte nur der richtige Ausweg, denn der erste Schritt war richtig gewesen. Ich hatte einer Erwachsenen Bescheid gesagt. Und ich ärgere mich heute noch, dass diese mir nicht geholfen hat. Mach du es besser, fordere Hilfe ein und sei hartnäckig dabei. Wie das geht, zeige ich dir in einem späteren Kapitel.

- **Die körperliche Unversehrtheit ist ein Grundrecht. Du darfst dich wehren, um sie zu verteidigen.**
- **Schmerzen sollen dich warnen: Irgendwas stimmt nicht, bitte ändern!**
- **Wer Schmerzen ignoriert, kann die Ursache nicht identifizieren und etwas dagegen tun.**
- **Wenn du deine Mobber*innen ignorierst, hören sie trotzdem nicht auf.**

- Viele Betroffene versuchen, das Mobbing zu stoppen, indem sie aufhören, sich zu wehren. Sie lernen, Schmerz und Erniedrigung auszuhalten.
- Man spricht auch von erlernter Hilflosigkeit.
- Du bist nicht hilflos, sondern selbstwirksam!

3.4 DU DARFST DARÜBER REDEN

Ich habe Menschen, die Opfer von Mobbing sind oder waren, auf Twitter gefragt: Habt ihr euren Eltern oder Lehrer*innen davon erzählt? Hier sind ihre Antworten:

ICH HABE ES JAHRELANG MIT MIR SELBST AUSGEMACHT. ICH HATTE EINFACH NICHT DAS GEFÜHL, DASS ICH VERSTANDEN WORDEN WÄRE. (SVEN D.)

ICH WOLLTE DOCH NUR, DASS MICH MAL JEMAND FRAGT, WIE ES MIR DAMIT GEHT. (LEA U.)

ICH HABE ES NIEMANDEM ERZÄHLT. HÄTTE MIR ABER GEWÜNSCHT, DASS JEMAND MERKT, DASS ETWAS NICHT STIMMT. (VIKTORIA M.)

ICH HÄTTE MIR GEWÜNSCHT, DASS MIR JEMAND ZUHÖRT UND MICH DURCH DIE GEFÜHLE BEGLEITET. (UMUT U.)

Schnell wird klar: Viele hätten gern darüber gesprochen, haben sich aber nicht getraut. Häufig schien Angst der Grund zu sein: die Angst, nicht verstanden zu werden, die Angst, nicht ernst genommen zu werden, oder die Angst, selbst beschuldigt zu werden; davon habe ich weiter vorn im Buch ja schon erzählt. Oft schämen sich die Opfer auch und sprechen deshalb nicht darüber.

Falls es auch dir so geht, gib mir eine Chance, dich vom Gegenteil zu überzeugen. Denn schon ein Gespräch mit einer Person, der du vertraust, die dir zuhört und dich unterstützen will, kann alles verändern, der erste Schritt sein und Türöffner für eine Bewältigung des Mobbings:

1. Alles, was du erlebst, staut sich in dir an – über Wochen, Monate, Jahre. Der Stress, die Anspannung, die Emotionen. Du hast noch nie darüber gesprochen? Dann wird es Zeit, alles rauszulassen. Sprich darüber. Du darfst sogar weinen. In der Schule wirst du dafür aufgezogen? Hier ist es okay. Wenn der Damm gebrochen ist, wirst du dich erleichtert fühlen, freier atmen können. Es wird all die negativen Gefühle mitnehmen. Lass es raus! Es tut so gut.
2. Stell dir vor, das Mobbing ist ein schwerer Sandsack, den du mit dir herumschleppst. Wäre es nicht schön, wenn jemand dir beim Tragen helfen würde? Wenn du nicht allein damit wärst? Du würdest so viel Kraft sparen. Und vielleicht könntest du zwischendurch auch mal eine Pause machen, buchstäblich aufatmen.
3. Und vielleicht kann dieser Mensch dir sogar helfen, das Mobbing zu stoppen.

Wer über Mobbing spricht, fühlt sich weniger angespannt, trägt es nicht mehr allein auf den Schultern und könnte sogar Hilfe erhalten.

Ich weiß: Es braucht Mut, sich zu öffnen. Da ist viel Angst und manchmal auch Scham. Und natürlich kann es passieren, dass du negative Erfahrungen machst. Doch irgendwann wirst du dich der richtigen Person anvertrauen, die dich trösten und dir die Last ein bisschen von den Schultern nehmen wird. Die dich dabei unterstützen wird, das Mobbing zu beenden. Wer ist diese Person für dich? Diese Entscheidung zu treffen, kann ich dir nicht abnehmen. Vielleicht beschließt du, es gleich dreimal zu versuchen, aller guten Dinge sind schließlich drei – und wenn nur ein Mensch davon tatsächlich etwas tut, ist dir viel geholfen. Also: Rede mit der Person deiner Wahl. Trau dich! Du musst es nicht allein schaffen.

Reden hilft. Trau dich!

- Die meisten Betroffenen wünschen sich jemanden, mit dem sie über ihre Situation reden können.
- Angst und Scham stehen dem häufig im Weg.
- Doch bereits ein Gespräch mit der richtigen Person kann alles verändern.
- Manchmal braucht es mehrere Anläufe, diesen Menschen zu finden.
- Sei mutig und öffne dich!
- Du musst es nicht allein schaffen.

3.5 ES GEHT VORBEI

Es ist ein schreckliches Gefühl, Tag für Tag mehrere Stunden an einem Ort verbringen zu müssen, den du hasst und der dir Angst macht, weil er Leute versammelt, die dich demütigen, schlagen und fertigmachen. Du bist wie gefangen. Und jetzt? Krankmachen und zu Hause bleiben? Das geht maximal ein paar Tage lang gut. Die Schule wechseln? Solange du nicht volljährig bist, kannst du das nicht selbst entscheiden. Mal ehrlich: Ist doch scheiße! Sich aus einer miesen Situation befreien zu wollen, aber einfach keinen Ausweg zu finden.

Für Schüler*innen, die gemobbt werden, kann sich die Schule wie ein Gefängnis anfühlen.

Doch ich habe eine gute Nachricht für dich: Irgendwann hört es auf. Denn je älter du wirst, desto eher darfst du deine eigenen Entscheidungen treffen. Du wirst selbst entscheiden dürfen, an welchen Orten und mit welchen Menschen du Zeit verbringst. Und es werden Orte sein, an denen du dich wohlfühlst, und du wirst Menschen begegnen, die du magst und die dir guttun. Du fühlst dich unwohl? Jemand tut dir nicht gut? Du hast die Freiheit zu gehen! Ist das nicht wunderbar?

Diese neue Freiheit fängt oft schon in der Oberstufe an, wenn die Klassenverbände aufgelöst werden. Jeder Kurs ist ein anderes Umfeld mit anderen Menschen. Du lernst neue Mitschüler*innen kennen, kannst freier entscheiden, neben wem du sitzen oder mit wem du die Pause, die Freistunde oder deine Freizeit verbringen willst. Deine Mobber*innen hast du dann nur noch in einem oder zwei Kursen sitzen, aber nicht mehr in allen. An der Uni gibt es nicht mal mehr Kurse. Da sitzt die ganze Kohorte in derselben Vorlesung. Du wirst frei entscheiden können, neben wen du dich setzt, mit wem du eine Lerngruppe bildest oder in die Mensa gehst. Zudem sind Studierende meist offener als Schüler*innen: für andere Interessen, Körperformen, Meinungen, sexuelle Orientierungen und alles, was dich vielleicht vom Durchschnitt unterscheidet.

Klar, dass du gemobbt wirst, ist trotzdem scheiße. Aber es gibt Aussicht auf Besserung. Ein Licht am Ende des Tunnels. Und ich dachte, das solltest du wissen.

Es wird besser.
Mit jedem Jahr und jeder Freiheit, selbst zu entscheiden, mit welchen Menschen man sich umgibt.

- Für Schüler*innen, die gemobbt werden, ist die Schule oft ein Albtraum, dem sie nicht entfliehen können.
- Doch je älter du wirst, desto freier kannst du Entscheidungen treffen.
- Du kannst dich mit Menschen umgeben, die du magst, und diejenigen meiden, die dir nicht guttun.
- Es geht vorbei.

4

WAS DU JETZT TUN KANNST

4.1 DARÜBER REDEN

ICH HÄTTE MIR MEHR VERSTÄNDNIS UND EIN ERNSTES GESPRÄCH GEWÜNSCHT. (MARIJKE H.)

ICH HABE ES DAMALS MEINEM LEHRER ERZÄHLT, ABER ER HAT MICH ÜBERHAUPT NICHT ERNST GENOMMEN. ALSO HABE ICH ES NIE WIEDER ANGESPROCHEN. (ISABELLA T.)

WELCHE REAKTION ICH MIR GEWÜNSCHT HÄTTE? DASS MEINE ELTERN MEIN SELBSTVERTRAUEN STÄRKEN UND DIE LEHRER HINSEHEN UND EINSCHREITEN, WENN NÖTIG. (FELI G.)

ICH HÄTTE MIR GEWÜNSCHT, DASS MEINE LEHRERIN DAS PROBLEM EINSIEHT UND DIE MOBBER IHRE FAIREN STRAFEN ERHALTEN. (SASCHA M.)

ICH FAND DEN MUT, ES MEINEN LEHRERN ZU SAGEN. DANACH WAR RUHE. (JULIA S.)

HABE LANGE NICHTS GESAGT, ABER DANN HABEN MEINE ELTERN MICH UNTERSTÜTZT UND DAS GESPRÄCH MIT DER SCHULE GESUCHT. (ANDRA H.)

ICH HABE EINER LEHRERIN DAVON ERZÄHLT. SIE WAR ECHT LIEB UND HAT SICH DIREKT DARUM GEKÜMMERT. (SARAH E.)

ICH ERZÄHLTE MEINEM KLASSENLEHRER DAVON. ER VERANLASSTE EIN GESPRÄCH MIT DEN VIER JUNGS UND DANACH LIESSEN SIE MICH IN RUHE. (VARINIA S.)

Ich habe Betroffene auf Twitter gefragt, wie ihre Eltern und Lehrer*innen auf ihre Hilfsgesuche reagiert haben. Die Reaktionen fielen sehr unterschiedlich aus.

Dies ist einer der wichtigsten Ratschläge von mir: Such dir Menschen, die dir helfen. Es ist wichtig, genug Menschen anzusprechen, bis du echte Hilfe bekommst. Das können nicht nur Lehrer*innen und deine Eltern sein, sondern zum Beispiel auch andere Betroffene. Darüber reden hilft. Nicht nur, weil es dir Entlastung und Beistand verschafft, sondern vielleicht auch echte Hilfe.

SPRICH MIT DEINEN ELTERN

Wir wissen schon, dass Schüler*innen, die sich von ihren Eltern distanziert oder vernachlässigt fühlen, eher Opfer von Mobbing werden. Klar: Eltern, die vom Mobbing nichts erfahren, können auch nicht helfen, und so läuft der Mobbing-Teufelskreis einfach weiter.

Dabei kann die Hilfe der Eltern viel bewegen: Sie sind mögliche Bezugspersonen, die dir in schwierigen Momenten Trost spenden können. Sie können dir helfen, dein Zuhause zu gestalten, damit du dort entspannen kannst. Und sie unterstützen dich bei deiner Freizeitgestaltung, damit du einen positiven Ausgleich hast. Sie vertreten dich gesetzlich und dürfen etwa über einen Schulwechsel entscheiden, solange du noch nicht volljährig bist.

Ich weiß, du hast Angst. Das verstehe ich! Aber nur, wenn du deinen Eltern schilderst, was in der Schule passiert und was in dir vorgeht, könnt ihr gemeinsam entscheiden, was ihr dagegen unternehmen wollt. Vielleicht wissen sie ja einen Weg!

TIPPS FÜR ELTERN

WIE IHR RICHTIG REAGIERT

Statt dumme und unsensible Sprüche hätte ich mir Hilfe und Akzeptanz gewünscht. Euer Kind hat sich getraut, mit euch zu reden. Es braucht jetzt eure bedingungslose Zuneigung. Lobt seinen Mut, euch dieses belastende Thema anzuvertrauen. Sagt ihm, dass ihr es lieb habt, egal, was andere sagen. Nehmt es ernst, und redet das Problem auf keinen Fall klein. Nehmt eurem Kind seine Ängste, und bietet ihm Hilfe an.

Hier zehn Sätze, wie ihr wertschätzend und liebevoll reagieren könnt:

- *Ich nehme das ernst.*
- *Wir lieben dich.*
- *Du trägst keine Schuld.*
- *Nicht du musst dich ändern, sie müssen sich ändern.*
- *Danke, dass du mir das anvertraut hast.*
- *Es hat bestimmt viel Kraft gekostet, das auszuhalten.*
- *Es ist okay, wenn dich das traurig, wütend oder ängstlich macht.*
- *Wir stehen das gemeinsam durch, okay?*
- *Ich bin da für dich, egal, was passiert.*
- *Du bist gut so, wie du bist.*

Auch eine Umarmung kann in dieser verletzlichen Situation nicht schaden.

SUCHT GEMEINSAM NACH LÖSUNGEN

Sprecht darüber, welche Lösungen sich euer Kind vorstellen könnte. Erarbeitet sie gemeinsam. Nicht alles, was euch dazu einfällt, ist auch für euer Kind okay. Denkt daran: **EUER KIND IST DER EXPERTE FÜR SEINE EIGENE SITUATION.**

Dein Kind erlebt das täglich, und zwar sehr intensiv. Es kann die Situation am besten einschätzen. Seine Aussagen sollten das größte Gewicht haben. Zwingt ihm nichts auf, was es nicht möchte. Fragt euer Kind, befragt aber auch euch:

- *Mit was fühlt es sich wohl?*
- *Was würde seiner Meinung nach die Situation verbessern?*
- *Was würde seiner Meinung nach die Situation eher verschlechtern?*
- *Sollt ihr aktiv werden oder das Kind anleiten, selbst aktiv zu werden?*

Sprecht mit eurem Kind über seine Gesundheit, wenn es euch anvertraut, dass es gemobbt wird. Ihr wisst nicht, wonach ihr fragen sollt? Hier sind hilfreiche Fragen, und die Antworten eures Kindes helfen euch einzuschätzen, wie schlimm es für euer Kind wirklich ist:

Wie geht es ihm?

Wie gestresst und belastet ist es?

Was hält es von sich selbst?

Schläft es noch gut?

Hat es viel Angst?

Ist es oft traurig oder steht neben sich?

Fügt es sich selbst Verletzungen zu?

Mobbing kann viel kaputtmachen. Bringt deshalb in Erfahrung, ob euer Kind Interesse daran hat, mit einem*einer Psychotherapeut*in zu sprechen. Weiter hinten im Buch erfahrt ihr, wie ihr die richtigen Ansprechpartner*innen findet.

SPRICH MIT DEINEN LEHRER*INNEN

Mein Vater hat meiner Lehrerin vorgeschlagen, die Situation vor der ganzen Klasse zu besprechen. Also sind wir einmal reihum gegangen und alle sollten einen Grund nennen, warum sie mich mobben. Das hat sich schrecklich angefühlt. (Tarik F.)

Unabhängig davon, dass so ein Vorgehen nicht zielführend ist, weil Mobbing keinen klassischen »Grund« hat – es handelt sich dabei um Schikane und keineswegs um einen Streit, der gelöst werden kann: Fangt eher im kleinen Rahmen an, falls deine Eltern und du euch dazu entscheidet, dass ihr das Gespräch mit der Schule sucht.

Sprecht zuerst mit der Klassenleitung, also dem*der Klassenlehrer*in (regional auch: Klass[en]leiter*in). Fordert Hilfe ein. Bringt dazu die Vorschläge an, die du und deine Eltern gemeinsam erarbeitet habt, und stimmt sie mit den Ideen der Klassenleitung ab.

Die Lösung eines Mobbing-Problems ist individuell ganz verschieden und hängt sehr vom Klassenklima, den beteiligten Täter*innen und dem bisherigen Verlauf ab. Interventionen im Klassenrahmen – insbesondere Gespräche zwischen Lehrkraft und Täter*innen (und Opfer) – sind generell am leichtesten und schnellsten anzustoßen. Sie hängen das Thema nicht »an die große Glocke«, das werden viele Eltern und Kinder so empfinden, und lösen deshalb vermeintlich nicht ganz so viel Scham aus. Aber auch eine Klassengemeinschaft fühlt sich an wie viel Publikum, wenn der Schlichtversuch zum Gesprächsthema wird, darauf solltet ihr gefasst sein. Versuche, ein oder zwei Mitschüler*innen zu finden, die »auf deiner Seite« sind und dir im Gespräch hilfreich »beiseitestehen«, statt wie sonst danebenzustehen.

Arbeitet euch auf eine höhere innerschulische Hierarchieebene vor, wenn die Klassenleitung nicht kooperativ ist oder die erarbeiteten Maßnahmen nicht fruchten. Besteht darauf, ernst genommen zu werden.

Sucht ansonsten die in der schulischen Hierarchie höheren Stellen auf, bis ihr bei der Schulleitung landet.

Fordert Hilfe ein, bis ihr sie bekommt. Wenn sich alle querstellen und niemand einen effektiven Vorschlag zur Problemlösung hat, könnt ihr gerne über einen Klassen- oder Schulwechsel nachdenken. Dazu findest du weiter hinten im Buch mehr Informationen.

Stoßt zuerst kleine Interventionen an. Habt keine Angst, immer bei der nächsten Hierarchieebene nachzuhaken, falls ihr nicht ernst genommen werdet oder keine Fortschritte macht.

Auch die Lehrkräfte spielen eine Rolle im Mobbing-Teufelskreis: Sie handeln gar nicht oder nur inkonsistent und inkonsequent, weil sie häufig unwissend, überfordert oder hilflos sind. Mobbing-Opfer fühlen sich oft von Lehrkräften vernachlässigt oder nicht ernst genommen, wenn sie um Hilfe bitten. Lass dich nicht abspeisen, fordere echte Hilfe ein! Sei dabei ruhig hartnäckig. Hilfe zu erhalten, ist dein gutes Recht. Es gehört zu den Verpflichtungen von Lehrkräften, ihre Schüler*innen zu beschützen – man spricht von »Schutzbefohlenen«.

Hier sind einige Vorschläge, was du sagen kannst, wenn du das Gefühl hast, dass dein*e Lehrer*in dich nicht ernst nimmt:

- »Danke, dass Sie mir zugehört haben. Aber mein Problem ist dadurch nicht kleiner geworden. Ich brauche Hilfe. Dafür sind Erwachsene da, und ich möchte, dass Sie etwas an meiner Situation ändern.«
- »Greifen Sie bitte ein und lassen Sie mich nicht allein.«
- »Sie wissen nicht, wie sich die Situation für mich anfühlt. Mich belastet das sehr. Deshalb bitte ich Sie ja um Hilfe.«

- »Es hat keinen Sinn, das Mobbing zu ignorieren. Ich möchte das Leid nicht stumm ertragen, sondern aktiv etwas an der Situation ändern.«
- »Ich bin hier nicht das Problem. Das Problem sind diejenigen, die mir wehtun.«
- »Bitte nehmen Sie mich ernst.«
- »Ich brauche aber Ihre Hilfe. Und wenn Sie jetzt keine Zeit haben: An wen könnte ich mich mit meinem Problem wenden?«
- »Gibt es eine*n Lehrer*in, die sich mit Mobbing auskennt? Die mir wirklich helfen könnte?«

Leider ist nicht jede*r Lehrer*in menschlich kompetent. Wenn du das Gefühl hast, dass deine Lehrkraft dich trotz allem nicht ernst nimmt, wende dich an eine*n Vertrauenslehrer*in. Das sind Lehrer*innen, die extra dafür da sind, um dich bei Problemen mit Mitschüler*innen oder anderen Lehrkräften zu unterstützen. Keine Angst: Sie behalten für sich, was du ihnen erzählst und versuchen, eine diplomatische Lösung zu finden – auch wenn es um ihre Kolleg*innen geht.

Du kannst dich auch an Schulsozialarbeiter*innen wenden. Das gab es zu meiner Schulzeit noch gar nicht, heute aber sind sie fester Bestandteil vieler (leider aber längst nicht aller) Schulen. Sie sind direkt vor Ort an den Schulen und dadurch leicht für dich erreichbar (halte doch mal nach ihren Sprechstunden Ausschau). Sie beraten dich sowohl bei Konflikten mit Freund*innen oder Mitschüler*innen als auch bei Mobbing-Problemen. Im Zweifelsfall vermitteln sie dich an regionale Beratungsstellen, Therapeut*innen oder die Polizei. Sie befinden sich stets im engen Austausch mit den für deine Schule zuständigen Schulpsycholog*innen, die leider deutlich seltener und oft überhaupt nur auf Anfrage deine Schule besuchen.

Warum ich dir das so genau aufschreibe? Weil viele Schüler*innen gar nicht wissen, an wen sie sich wenden sollen, wer Ahnung hat, wie man mit Mobbing an Schulen umgeht, und bei wem es wirklich etwas bringt. Scheue dich nicht, dir die Hilfe bei jemandem zu holen, der geschult wurde! Wenn du dich nicht allein traust, hol dir Verstärkung von Mitschüler*innen oder lass deine Eltern einen Termin für dich vereinbaren.

HILFE DURCH ELTERN UND LEHRER*INNEN:

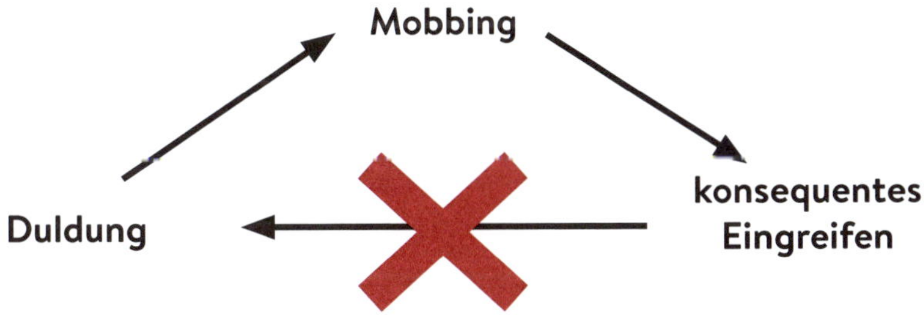

Es ist wichtig, konsequent durchzugreifen.

Weißt du, was ein Anti-Mobbing-Programm ist? Das ist eine systematische Vorgehensweise, so etwas wie ein Ablaufplan mit Strategien und Übungen, um gegen Mobbing in der Klasse vorzugehen. Das ist vor allem dann hilfreich, wenn dein*e Klassenlehrer*in nicht weiß, wie er*sie vorgehen soll, um das Mobbing-Problem zu stoppen.

Hat deine Schule ein Anti-Mobbing-Programm? Dann informiere dich über das Vorgehen »nach Programm«. Das Programm greift nicht? Es gibt gute und schlechte Anti-Mobbing-Programme. Ich gebe dir mal ein Beispiel für ein Programm, das gut wirkt und regelmäßig von Schulpsycholog*innen vorgeschlagen und begleitet wird.

DER NO-BLAME-APPROACH ist ein unkonventionelles, aber vielversprechendes Programm. Es nimmt die Täter*innen direkt in die

Verantwortung – ohne sie zu beschuldigen. Wie das geht? Die Täter*innen sollen zusammen mit einigen wohlwollenden Schüler*innen eine »Unterstützergruppe« bilden, die den Auftrag bekommt, das Mobbing aufzuhalten und das Opfer zu integrieren. Die Täter*innen erhalten also die Aufgabe, das Opfer vor ihren eigenen Angriffen zu schützen. Ist das nicht genial? Das stellt die Gruppenstruktur der Klasse ordentlich auf den Kopf und hält das Mobbing zu neunzig Prozent auf.

Zu neunzig Prozent lässt sich Mobbing mit dem richtigen Programm aufhalten!

Schlage dieses Programm doch mal deinen Lehrkräften oder deiner Schulleitung vor. Vielleicht ist diesen gar nicht bewusst, dass es so effektive Anti-Mobbing-Programme gibt. Durch deine Initiative könnte nicht nur dir, sondern auch vielen zukünftigen Schüler*innen an deiner Schule geholfen werden. Trau dich!

TIPPS FÜR LEHRKRÄFTE

JETZT MUSS ICH AKTIV WERDEN

In einer ganzen Reihe von Studien konnte nachgewiesen werden, dass Mobbing besonders häufig dann vorkommt, wenn Lehrer*innen das Problem ignorieren oder nur zögerlich eingreifen. Dabei ist nichts wichtiger bei Mobbing, als konsequent durchzugreifen.

Jetzt gilt es:

» **SEID AUFMERKSAM.** Gibt es in der Klasse Anzeichen für Mobbing? Geht auf die Schüler*innen zu, wenn ihr eine Vermutung habt. Viele trauen sich nicht, euch anzusprechen, und werden froh über eure Initiative sein.

» **NEHMT SCHÜLER*INNEN ERNST,** die sich an euch wenden. Lasst euch Zeit, seid geduldig, fragt nach. Versucht, nicht nur die Situation, sondern auch das Kind, seine Empfindungen und sein Leiden zu verstehen. Es ist gar nicht so leicht, wertfrei und mit offenen Ohren zuzuhören. Verweist betroffene Schüler*innen auch gerne an Kolleg*innen, die diesbezüglich vielleicht mehr Kompetenz haben. Auch das tut Schüler*innen gut: zu sehen, dass auch Lehrkräfte andere um Hilfe bitten, wo sie selbst nicht weiterwissen.

» **BIETET EURE HILFE AN.** Und dann sitzt das Problem nicht aus, sondern schreitet sofort ein.

» **KLÄRT IM VORFELD** mit den Betroffenen ab, was ihr vorhabt. Es geht um ihre Situation, ihr Leid, sie müssen sich okay damit fühlen.

» **REDET MIT DEN ELTERN DES OPFERS.** Sie sind häufig im engen Austausch mit ihrem Kind, kennen seine Sichtweise, seine Wünsche und Hoffnungen. Es ist wichtig, dass ihr zusammenarbeitet: Die Eltern tun zu Hause, was ihnen möglich ist, um ihr Kind zu unterstützen. Die Lehrer*innen versuchen in der Schule, das Mobbing zu stoppen. Mobbing lässt sich besser bekämpfen, wenn die Eltern eingebunden werden – das konnten Studien vielfach nachweisen.

» **SPRECHT NICHT MIT DER GESAMTEN KLASSE** über den einzelnen Mobbing-Fall. Das ist herabwürdigend, und eine weitere Bloßstellung ist wenig zielführend.

» **SUCHT GEZIELT DAS GESPRÄCH MIT DEN TÄTER*INNEN.** Stellt klar, dass Mobbing in eurer Klasse nichts zu suchen hat, und klärt sie über die möglichen Konsequenzen ihres Verhaltens auf.

» **INFORMIERT AUCH DIE ELTERN DER TÄTER*INNEN,** falls nötig. Ladet sie zum Gespräch ein, klärt gemeinsame Maßnahmen ab. Wieder gilt: Ihr arbeitet auch hier mit den Eltern zusammen, damit sich die Maßnahme nicht gegen das Kind wendet. Auch für den*die Täter*in muss ein Lernprozess möglich bleiben, und zwar ohne Gesichtsverlust oder Bloßstellen vor der Klasse. Strafe aber muss sein, etwa in Form eines Verweises.

» **MOBBING JEDER ART MUSS SANKTIONIERT WERDEN** (zum Beispiel durch einen Verweis). Dabei ist Konsequenz gefordert. Erweckt nicht den Eindruck, dass in irgendeiner Art und Weise geduldet wird, was passiert. Fallt nicht auf fadenscheinige Begründungen herein: Es ist ganz egal, wie ein Mobbing-Verhalten gemeint war; was zählt, ist die Wirkung auf das Opfer. Wenn die Disziplinarmaßnahmen langfristig nicht greifen, müssen die Mobber*innen die Schule verlassen. **DEN TEUFELSKREIS DURCHBRECHEN** kann nur, wer konsequent ist.

GERNE NACH PROGRAMM

Immer mehr Schulen verfügen heute über Anti-Mobbing-Programme. Auch ohne konkreten Problemfall sollte jede Lehrkraft die an der eigenen Schule geltenden Regeln für Mobbing-Fälle kennen. Fragt bei der Schulleitung nach. Informiert euch. Jede Lehrkraft muss sich heute mit so etwas auskennen und wissen, was im Problemfall zu tun ist.

Anti-Mobbing-Programme eignen sich insbesondere präventiv, wenn also noch kein Mobbing aufgetreten ist. Sprecht mit euren Schüler*innen, damit ihnen bewusst wird: Sie sind an einer Schule, die Wert auf ein gutes Miteinander legt. Und zögert nicht, auf ein Programm zurückzugreifen. Es reicht nicht, dass ein Programm zur Verfügung steht, es muss auch tatsächlich durchgeführt werden, um seine Wirkung zu entfalten.

Die meisten Programme wenden sich direkt an alle Schüler*innen einer Klasse. Sie sollen das Klima verbessern und das Entstehen einer sozialen Rangordnung bekämpfen, um jeglichem Mobbing den Nährboden zu entziehen. Oft werden Verhaltensregeln etabliert, um einen freundlichen Umgang in der Klasse sicherzustellen. Wer sich an die Regeln hält, wird belohnt. Wer sie bricht, muss mit Strafen rechnen.

Gute Anti-Mobbing-Programme gehen das Problem an der Wurzel an: der sozialen Rangordnung.

Andere Programme schlagen vor, darüber zu sprechen ...

» **WIE KONFLIKTE ENTSTEHEN**
» **WIE MAN GEMEINSAM REGELN ERARBEITET**
» **WIE KONFLIKTE GELÖST WERDEN KÖNNEN**

Das hilft Schüler*innen, die sich in Konflikten befinden. Lehrer*innen sollte immer bewusst sein: Regeln zur Konfliktlösung gehen am eigentlichen Mobbing-Problem meist vorbei. Denn Mobbing ist kein Konflikt auf Augenhöhe. Regeln werden bewusst außer Kraft gesetzt. Das schlägt sich auch in der Effektivität nieder: **IM DURCHSCHNITT REDUZIEREN ALLE PROGRAMME DAS MOBBING NUR UM ETWA ZWANZIG PROZENT.**

Ist das an der eigenen Schule etablierte Programm überhaupt wirkungsvoll? Informiert euch darüber, welche Anti-Mobbing-Programme die beste Wirkung erzielen. An vielen Schulen gibt es eigens geschulte Psycholog*innen, die alle Programme, ihre Wirkung sowie die Vor- und Nachteile kennen sollten. Letztendlich hängt die Wahl des Programms von der jeweiligen Klasse und ihren individuellen Problemen ab. Ist das passende Programm dann angeschafft, sollten die Lehrkräfte unterwiesen werden: Das Programm ist vorhanden, ihr findet das Manual inklusive Materialien im Sekretariat, bei Bedarf kann die Schulpsychologin euch unterweisen und bei der Durchführung unterstützen.

Schulpsycholog*innen können dich darin unterstützen, ein geeignetes Programm zu finden und durchzuführen.

Bitte, liebe Lehrer*innen: Seht nicht weg, übernehmt Verantwortung. Ihr sitzt am längeren Hebel, denn ihr könnt das Mobbing am besten stoppen. Es ist okay, wenn ihr mal nicht weiterwisst. Wenn ihr überfordert seid oder euch hilflos fühlt. Wendet euch gern an Kolleg*innen oder Fachpersonal wie Schulpsycholog*innen. Niemand weiß alles, und es ist okay, um Hilfe zu bitten. Das Wichtigste ist, dass die Schüler*innen merken, dass ihnen jemand beisteht und sie ernst genommen werden. Und auch ihr könnt zu Betroffenen sagen: Entschuldige, ich informiere mich gerne, was wir da tun können.

SPRICH MIT ANDEREN BETROFFENEN

Allein in Deutschland werden über eine Million Kinder und Jugendliche gemobbt. Andere Betroffene können dir Ansprechpartner sein. Wie haben sie das Mobbing erlebt? Was haben ihre Eltern und Lehrer*innen dazu gesagt?

Vielleicht tut es dir auf einer anderen Ebene gut, mit jemandem darüber zu sprechen, der es selbst durchgemacht hat und genau weiß, wie es sich anfühlt. Vielleicht haben gerade die Betroffenen auch den einen oder anderen Ratschlag für dich. Was hat ihnen in dieser Zeit geholfen? Wie konnten sie gut damit umgehen?

Das Gespräch mit anderen Mobbing-Betroffenen hat einen großen Vorteil: Sie wissen genau, wovon du sprichst. So kannst du dich verstanden fühlen.

Fragst du dich jetzt, wo du andere Leute findest, die gemobbt werden oder wurden? Das Internet bietet unzählige Websites dafür.

IN MOBBING-FOREN BERICHTEN BETROFFENE von ihren Erfahrungen, teilen Probleme und suchen Hilfe. Ihr könnt dort nachlesen, wie andere das erleben oder erlebt haben, wie sie damit umgehen, und ihr könnt euch direkt mit ihnen austauschen. Ihr könnt auch eure eigene Situation schildern und euch Rat und Hilfe von anderen betroffenen Schüler*innen erhoffen.

GÄNGIGE SOCIAL-MEDIA-PORTALE (zum Beispiel Twitter, Instagram, TikTok) lassen sich nach den Hashtags *#mobbing*, *#bullying* oder *#gemobbt* durchsuchen. Auch so findest du Hilfe und die Erfahrungsberichte sehr vieler Menschen mit Mobbing-Erfahrung. Vor allem auf Twitter ist die Mobbing-Community groß. Ich poste regelmäßig unter @deinTherapeut darüber. Ihr lernt andere Betroffene auch unter meinen Beiträgen zum Thema kennen.

SPRICH MIT EXPERT*INNEN WIE ...

... SCHULPSYCHOLOG*INNEN:

Ein*e Schulpsycholog*in kann dir ein offenes Ohr bieten. Er*sie ist unvoreingenommen, kann sich gut in andere hineinversetzen und weiß, was Menschen in Krisen- und Mobbing-Situationen hilft. Er*sie berät dich, um gemeinsam mit dir eine Lösung zu finden.

Ein*e Schulpsycholog*in unterliegt der Schweigepflicht.

Alles, was du ihm*ihr erzählst, bleibt unter euch. Eine gute Anlaufstelle, um die Gefühle mal rauszulassen, denn dann musst du sie nicht länger mit dir herumtragen.

Der*die Schulpsycholog*in kann ...

- dich auch durch ein Training deiner sozialen Fähigkeiten unterstützen: Er*sie kann dir beibringen, selbstsicherer gegenüber den Täter*innen aufzutreten und besser mit anderen Schüler*innen in Kontakt zu kommen.

- dich auch mit Psychotherapeut*innen in Kontakt bringen, wenn du ein psychisches Problem hast, das er*sie nicht kurzfristig lösen kann. Auch deine Eltern können sich an ihn*sie wenden, um beraten zu werden.

Soziale Fähigkeiten stärken dich im Umgang mit anderen und erhöhen deine Widerstandsfähigkeit (Resilienz) gegenüber sozialem Stress

- deinem*deiner Klassenlehrer*in helfen, Maßnahmen wie Anti-Mobbing-Programme in der Klasse umzusetzen. Nimmt er*sie dich und dein Problem nicht ernst, hat das Wort des*der Schulpsycholog*in zusätzliches Gewicht, gerade wenn er*sie oder die Schulleitung überzeugt werden müssen, endlich Hilfe zu leisten.

Leider sind Schulpsycholog*innen oft schwer zu erreichen. Sie sind selten vor Ort, weil ein*e einzige*r Schulpsycholog*in über zwanzig Schulen betreut. Wenn du deine*n Schulpsycholog*in einfach nicht erwischst oder an deiner Schule kein*e Schulpsycholog*in arbeitet? Die Schulsozialarbeiter*innen arbeiten eng mit dem*der Schulpsycholog*in zusammen. Bestimmt kann er*sie einen Gesprächstermin für dich vereinbaren, auf den du dann eine Weile warten musst. Alternativ kannst du auf telefonischen oder E-Mail-Kontakt mit Schulpsycholog*innen zurückgreifen. Im Anhang findest du ein Verzeichnis aller schulpsychologischen Beratungsstellen in Deutschland.

… BERATER*INNEN:

Weil Mobbing ein weitverbreitetes Problem ist, werden alle Mitarbeiter*innen geschult, die antworten, wenn du die Nummer eines Hilfetelefons wählst. Mitarbeiter*innen der »Nummer gegen Kummer« zum Beispiel widmen einen großen Teil ihrer Ausbildung den Themen Mobbing und Cybermobbing (glaubt mir, ich war selbst da). Sie wissen bestimmt nicht alles, sind in solchen Situationen aber gute Ansprechpartner. Sie werden versuchen, gemeinsam mit dir eine Lösung zu finden – für deine ganz individuelle Situation. Oder sie können dir zumindest Strategien an die Hand geben, damit du besser mit der Situation umgehen kannst. Die Nummer gegen Kummer wird auch als Kinder- und Jugendtelefon bezeichnet, weil sich die Mitarbeiter*innen auf die Probleme von Kindern und Jugendlichen konzentrieren.

Ihr erreicht sie montags bis freitags zwischen 14 und 20 Uhr unter 116 111. Samstags könnt ihr euch unter der gleichen Nummer von anderen Schüler*innen beraten lassen. Auch von der Telefonseelsorge hast du bestimmt schon gehört. Diese erreichst du rund um die Uhr unter 116 123. Es handelt sich zwar um ein kirchliches Angebot, du musst aber nicht gläubig sein oder der Kirche angehören, um dich dort beraten zu lassen.

Falls die Leitung mal belegt oder nicht besetzt sein sollte, versucht es einfach später noch mal. Die Telefone werden von Ehrenamtlichen bedient und sind sehr gefragt, da passiert das manchmal. Es ist übrigens okay, anzurufen und erst einmal nicht zu wissen, was man sagen soll oder sich nicht zu trauen. Die Mitarbeiter*innen kennen diese Situation und geben dir so viel Zeit, wie du brauchst.

Nummer gegen Kummer: 116 111
Telefonseelsorge: 116 123

Darüber hinaus gibt es noch viele andere Anbieter, die auf Mobbing spezialisiert sind: Angebote gegen Mobbing an Schulen, gegen Bullying am Arbeitsplatz. Es gibt auch Beratungsangebote für Gruppen, die besonders häufig Mobbing erfahren (zum Beispiel Homosexuelle oder Trans*Personen).

Die meisten Beratungstelefone sind deutschlandweit verfügbar, kostenlos und anonym.

Oft musst du nicht mal deinen Namen nennen. Für alle, die ungern telefonieren, stehen die meisten Angebote auch als E-Mail- oder Chatberatung zur Verfügung. Ich liste dir weitere Beratungsangebote (auch für Österreich, die Schweiz und Südtirol) im Anhang auf.

Du kannst dich auch über persönliche Beratungsangebote in deiner Nähe informieren. Gerade größere Städte sind hier gut aufgestellt. Viele Vereine haben deutschlandweit Zweigstellen und bieten in allen persönliche Beratung an (zum Beispiel die Deutsche Aidshilfe oder pro familia). Da geht es um was ganz anderes, meinst du? Geschult sind die Mitarbeiter*innen aber auch in Sachen Mobbing. Gerade queere Jugendliche, die bei der Aidshilfe auch zu Themen wie Coming-out Rat suchen, sind schließlich sehr oft mit Mobbing konfrontiert.

... PSYCHOTHERAPEUT*INNEN:

Mobbing kann einiges anrichten. Wenn Symptome (zum Beispiel Angst) sich zu psychischen Störungen (zum Beispiel der sozialen Angststörung) ausbilden, ist Selbsthilfe schwierig. Auch Berater*innen können dir dann nur noch begrenzt helfen. Doch es gibt Menschen, die dafür ausgebildet sind: Psychotherapeut*innen. Das sind Ärzt*innen für den Kopf, könnte man auch sagen. Sie können dir in einem solchen Fall am besten helfen.

HILFE ZU BRAUCHEN IST GAR NICHT SCHLIMM, SONDERN GANZ NORMAL.

So wie alle Menschen von Zeit zu Zeit körperliche Beschwerden haben und zur Ärzt*in müssen, so müssen manche eben auch mit seelischen Beschwerden zum*zur Psychotherapeut*in. Alles ganz normal.

Es ist okay, nicht okay zu sein. Es ist okay, sich traurig, ängstlich oder verzweifelt zu fühlen. Es ist okay, nicht allein damit klarzukommen. Es ist okay, sich Hilfe zu suchen. Du bist okay.

Leider bekommt nur jedes fünfte Kind oder jede*r fünfte Jugendliche, der*die aufgrund von Mobbing ernsthafte psychische Probleme entwickelt hat, angemessene professionelle Hilfe. Denn zum*zur Psychotherapeut*in zu gehen, erfordert einiges.

ES ERFORDERT MUT, sich selbst und anderen gegenüber Probleme einzugestehen und trotz Angst vor Stigmatisierung und Andersbehandlung Hilfe in Anspruch zu nehmen.

ES ERFORDERT KRAFT, Dutzende Therapeut*innen durchzutelefonieren und Papierkrieg mit den Krankenkassen zu führen, um einen freien Therapieplatz zu finden, den die Kassen bezahlen.

ES ERFORDERT AUSDAUER, Monate auf Wartelisten zu stehen, während man längst Hilfe braucht. Nichts davon ist einfach.
DOCH ES LOHNT SICH – VERSPROCHEN! Bitte deine Eltern, sich zu informieren. Oder frag deine*n Schulpsycholog*in um Hilfe. Er*sie kennt sich mit dem Thema aus und kann dich weitervermitteln.
SEI MUTIG, TRAU DICH!

Menschen, die psychische Erkrankungen entwickeln, sind nicht »schwach«. Ganz im Gegenteil: Sie sind stark, mutig und ausdauernd.

Es spricht dann nichts dagegen, dir professionelle Hilfe zu suchen! Das macht dich nicht schlechter, wenn du jemanden bittest, dir beizustehen – und das darf auch ein*e Psychotherapeut*in sein. Sich im richtigen Moment helfen zu lassen, ist ein Zeichen von Stärke, nicht von Schwäche.

Wenn du nach psychotherapeutischer Hilfe suchst, ist auch der sozialpsychiatrische Dienst (über den jeder Bezirk verfügt) ein guter erster Anlaufpunkt. Die Mitarbeiter*innen wissen, welche Hilfsangebote es in deiner Umgebung gibt, und sie unterstützen dich in psychischen Krisen. An wen du dich noch wenden kannst, um professionelle Hilfe zu erhalten, habe ich dir im Anhang aufgelistet.

- **Liebe*r Schüler*in: Darüber reden hilft. Es entlastet und ist der erste Schritt, das Mobbing zu stoppen.**
- **Liebe Eltern: Bitte nehmt das Problem ernst. Seid liebevoll, wertschätzend, unterstützend.**
- **Liebe Eltern und Lehrkräfte: Erarbeitet Lösungen gemeinsam mit Betroffenen. Jedes Kind ist der Experte für seine eigene Situation.**

- » Liebe*r Schüler*in: Stoße zuerst Interventionen im Klassenrahmen an. Arbeite dich zur nächsthöheren Stelle der Schulhierarchie durch, bis dein Problem ernst genommen wird. Deine Eltern helfen dir gerne.
- » Liebe Lehrkräfte: Wer Mobbing ignoriert oder nur zögerlich eingreift, macht Täter*innen stärker.
- » Liebe Lehrkräfte: Mobbing muss konsequent sanktioniert werden.
- » Liebe Eltern und Lehrkräfte: Mobbing lässt sich besser stoppen, wenn ihr an einem Strang zieht.
- » Liebe Lehrkräfte: Bitte seht nicht weg.
- » Liebe*r Schüler*in: Zum Austausch mit anderen Betroffenen eignen sich Foren und Social-Media-Portale.
- » Liebe*r Schüler*in: Schulpsycholog*innen bieten dir und deinen Eltern ein offenes Ohr an. Sie unterliegen der Schweigepflicht.
- » Liebe*r Schüler*in: Dir stehen kostenlos, überregional und anonym Beratungsangebote zur Verfügung.
- » Liebe*r Schüler*in: Eine Psychotherapie kann helfen, wenn Symptome sich zu einer psychischen Störung ausbilden. Nicht normal zu sein, ist ganz normal.
- » Liebe alle: Es ist okay, sich Hilfe zu suchen.

4.2 NICHT ALLEIN SEIN

Menschen sind von Grund auf soziale Wesen. Wir brauchen einander, um zu überleben. Das zieht sich durch die Zeitgeschichte: Du jagst, ich sammle. Und es begleitet uns ein Leben lang: Ein Baby kann sich nicht selbst versorgen. Es braucht Eltern, die es aufziehen und erziehen, damit es sich zu einem*einer selbstständigen Erwachsenen entwickeln kann.

Deshalb kommt anderen Menschen in unser aller Alltag eine große Bedeutung zu. Die Wissenschaft hat längst bewiesen, dass Personen, die positive, enge Beziehungen zu Freund*innen oder ihrer Familie pflegen und die sich geliebt fühlen, die spüren, dass andere für sie da sind und die sich aufgehoben fühlen, glücklicher sind und gesünder. Sie leben sogar länger als Menschen, die einsam sind.

Man könnte sagen: Dem Kontakt zu anderen liegt eine große Macht inne. Das kann schlecht für uns sein, wenn wir von anderen ausgeschlossen, erniedrigt oder verletzt werden – wie es bei Mobbing der Fall ist. Gleichzeitig sind Menschen unser bestes Mittel, uns dagegen zu wehren. Wenn wir Gleichgesinnte finden, mit denen wir uns zusammentun können, dann können wir uns gegenseitig helfen: Wir können einander zuhören, um besser mit egal welcher Situation umzugehen. Wir können in Krisen füreinander einstehen. Wir können die Schwächen des anderen mit unseren eigenen Stärken ausgleichen.

Andere Menschen sind unsere größte Schwäche – und unsere beste Chance.

BEI DIR ZU HAUSE

Ich erinnere mich, als ich mit elf Jahren auf dem Schoß meiner Mutter saß. Ich hatte den Kopf in ihrer Halsbeuge vergraben, während sie in einer Zeitschrift blätterte. Es war der Tag, an dem Daniel und Richard im Kunstunterricht meine Zeichnung zerstört hatten und mir sagten, dass der Grund für mein Mobbing ganz einfach sei: dass ich ich bin. Dieser Satz ging mir immer und immer wieder durch den Kopf: Weil du du bist, weil du du bist, weil du du bist. Ich fühlte mich schrecklich, wertlos, ekelhaft. Ich wünschte mir, dass es vorbei wäre. Und noch mehr wünschte ich mir, nicht mehr ich sein zu müssen. Ich sagte nichts, als ich auf dem Schoß meiner Mutter saß, weil mein Kopf voll von diesen Gedanken war.

»Ist alles okay, mein Schatz? Du bist so ruhig«, fragte sie irgendwann.

Ich weiß noch, wie gern ich es ihr erzählt hätte. Nicht, weil ich dachte, dass sie mir hätte helfen können, sondern einfach, um diese Last nicht mehr allein auf den Schultern zu tragen. Doch das ging nicht. Das ging nicht, weil mein Vater arbeitslos war und meine Mutter begonnen hatte, als Putzfrau zu arbeiten, um uns über Wasser zu halten. Das ging nicht, weil Papa jeden Abend betrunken nach Hause kam, einmal so sehr, dass ich ihn die Treppe hochtragen und ins Bett bringen musste. Sie stritten jeden Tag, und ständig hörte ich Mama weinen. Ich wusste, dass ihr Kopf schon voller Sorgen war, ihre Schultern trugen so große Last. Und hätte ich auch noch mein Problem mit ihr geteilt, hätte sie das vielleicht nicht ausgehalten.

»Alles ist gut«, sagte ich also. Dabei war gar nichts gut.

Doch gleichzeitig hielt ich meine Gefühle nicht mehr aus, sie überwältigten mich. Am Abend saß ich bei meinem Opa, wir sahen gemeinsam fern. Es war ein bayerischer Krimi, mein Opa sah ihn sich regelmäßig an. Ich saß da und schwieg, dachte an das, was passiert war und wie schlimm es sich anfühlte und an den nächsten Schultag und wie viel Angst ich davor hatte.

»Opa?«, setzte ich an.

Er sah mich an.

»Ich ...« Ich wollte sagen: Sie haben das Bild kaputt gemacht, das ich gezeichnet habe, als wir zusammen am Main waren. Und: Sie machen das ständig, mich ärgern. Ich will nicht mehr in die Schule. Ich halte das nicht mehr aus. Doch ich konnte es nicht sagen. Die Scham war einfach zu groß.

»Was ist los?«, hakte er nach.

»Ich …« Mit dem Zeigefinger strich ich über die staubigen Buchrücken in Opas kleinem Regal, das neben dem Sessel stand, auf dem ich saß. »Kann ich mich zu dir legen?«

Opa lächelte. »Natürlich.«

Ich stand vom Sessel auf, kletterte über Opas Beine, die auf dem Tisch lagen, und legte mich zu ihm auf die Couch. Ich lehnte mich an seine Brust, er legte seinen Arm auf mir ab und streichelte über meinen Oberarm. Ich schloss die Augen, atmete seinen bekannten Duft ein.

»Wie damals«, merkte Opa an.

Ich nickte. So hatte ich als Kind oft dagelegen. Stundenlang, und wir haben einfach schweigend ferngesehen. Damals habe ich mich so wohl in meinem Körper gefühlt. Und zu Hause. Auch in der Schule. Ich hatte viele Freunde und eigentlich jeden Tag Spielverabredungen. Plötzlich liefen mir Tränen aus den Augen. Ich holte tief Luft, versuchte, mich zu beruhigen, doch es ging nicht mehr. Es war einfach zu viel. Es war einfach zu viel, nichts war mehr wie damals, und ich wusste nicht, was ich tun sollte, um es zu ändern. Also weinte ich. Und ich weinte, weil ich traurig war, weil ich nicht darüber sprechen konnte und weil ich mich sicher genug fühlte, zu weinen. Hier würde niemand über mich lachen. Hier würde es in Ordnung sein.

Und Opa sagte nichts. Er stellte keine Fragen. Streichelte nur stumm mit seinen großen rauen Händen über meinen Kopf. Immer und immer wieder.

Ich weinte lange, bevor ich mich beruhigte. Und danach fühlte ich mich besser. Ein bisschen, als wäre ich Ballast losgeworden. Als wären die Tränen die Last gewesen, die ich bis dahin auf den Schultern getragen hatte. Opa hatte sie mir abgenommen. Und ich war ihm so dankbar dafür.

Die Schule war meine Hölle, und zu Hause herrschte Chaos: Mein Vater war alkoholabhängig und arbeitslos. Meine Mutter tat alles, um die Familie über Wasser zu halten und gleichzeitig meinem Vater zu helfen, dem nicht zu helfen war. Jeden Tag gab es Streit, Schreie und Tränen.

Spricht man von Familien wie meiner, dann spricht man von instabilen Familien. Anhaltender Streit und die psychische Erkrankung eines Elternteils (zum Beispiel Sucht) sind chronische Stressoren für Kinder. Oft, wenn auch nicht in meiner Familie, kommen Gewalt oder emotionale Vernachlässigung hinzu – einige der größten Stressfaktoren für Kinder sind das, und gleichzeitig ist das eine Kombination, die sich besonders schädlich auf die kindliche Entwicklung auswirkt. Diese Erkenntnis ist das Ergebnis einer Studie der Psychologin Emmy Werner. Sie hat Menschen, die 1955 auf der hawaiianischen Insel Kauai geboren wurden, vierzig Jahre lang begleitet und regelmäßig befragt. Ein Drittel der Personen galt als Risikogruppe. Sie wuchsen unter ungünstigen Lebensumständen auf (zum Beispiel in instabilen Familien). Viele von ihnen litten unter Langzeitfolgen: Im späteren Leben hatten sie kaum Freund*innen, waren beruflich wenig erfolgreich oder entwickelten chronische Gesundheitsprobleme. Jede*r Dritte allerdings blieb von den negativen Folgen verschont. Diese Kinder hatten einen stabilen familiären Zusammenhalt oder eine stabile emotionale Bezugsperson inner- oder außerhalb der Familie, die ihnen halfen, besser mit dem zusätzlichen Stress umzugehen. Man spricht auch von schützenden Faktoren.

Den familiären Zusammenhalt habe ich damals vermisst, doch mein Opa war für mich das, was man in der Psychologie als stabile emotionale Bezugsperson bezeichnet. Er war mein sicherer Hafen, mein Fels in der Brandung. Und er war immer für mich da. Bei ihm konnte ich die Gefühle ausweinen, die ich überall sonst zurückgehalten hätte.

EINE EINZIGE BEZUGSPERSON KANN ALLES VERÄNDERN. Eine Bezugsperson nimmt dich ernst. Du kannst ihr vertrauen, dich auf sie verlassen. Du kannst immer zu ihr gehen. Sie ist da, wenn du sie brauchst – ohne Bedingungen. Sie gibt dir einen Ort, dich auszusprechen, deine Gefühle zu zeigen und sie zu verarbeiten. Ein Moment mit dieser Person schenkt uns eine Auszeit, um uns zu erholen, und nimmt uns kurzfristig die Last von den Schultern.

Und langfristig lernen wir von ihr: dass es okay ist, Gefühle zu zeigen. Dass es guttut, über Stress und Probleme zu reden. Dass es hilft, dafür getröstet zu werden. So können wir auch in Zukunft und selbstständig besser mit Stress und Gefühlen umgehen.

Deshalb ist es gut, sich solche Menschen bewusst zu machen. Sie helfen uns durchs Leben genauso wie die guten Momente, die wir erleben. Denn diese wertvollen Beziehungen und sozialen Erlebnisse stärken die eigene Resilienz. Sie schützen jede*n von uns langfristig vor psychischen Erkrankungen. Auch wenn du in instabilen Verhältnissen aufwächst und sogar wenn du gemobbt wirst. Du brauchst nicht unzählige Freund*innen, keine große Familie, keine feste Partnerschaft. Eine einzige Person reicht aus. Es muss nur die richtige sein. Wer ist diese Person für dich? Wer ist dein Fels in der Brandung?

Eine stabile emotionale Bezugsperson ist ein wichtiger Schutzfaktor. Sie hilft dir, deine Gefühle gut zu verarbeiten, Stress abzubauen, und schützt dich so langfristig vor psychischen Erkrankungen.

Die stabile Bezugsperson muss nicht zwangsläufig ein Familienmitglied sein. Wichtiger als der Verwandtschaftsgrad ist die Rolle der Person im Leben eines Menschen.

Die Menge der Bezugspersonen außerhalb der Familie bezeichnet man allgemein auch als soziale Unterstützung. Zur sozialen Unterstützung zählen: Freund*innen, Mitschüler*innen, Lehrkräfte, Betreuer*innen, Sozialarbeiter*innen oder alle, die den Betroffenen helfen oder positiv mit ihnen interagieren. Es gilt: Je mehr soziale Unterstützung, desto besser ist jemand gegen Stress gewappnet. Auch die Schule kann also ihren Beitrag leisten. Dazu gleich mehr. Wer weiß, wie es mir heute ginge, wenn mein Opa nicht gewesen wäre. Er hat vielleicht das Schlimmste verhindert.

Jede Erfahrung von sozialer Unterstützung – auch außerhalb der Familie – stärkt die Resilienz.

LIEBE ELTERN,

DAS HIER IST DER KÜRZESTE UND TROTZDEM EFFEKTIVSTE TIPP, DEN ICH EUCH GEBEN KANN:

Seid euren Kindern stabile Bezugspersonen.

Mit euch als Zuflucht können sie zu resilienten erwachsenen Menschen heranwachsen.

Ihr habt die Chance, etwas zu verändern. Nutzt diese Chance.

IN DER SCHULE – DIE LEIDIGEN PAUSEN

Natürlich kann Mobbing überall und jederzeit auftreten. Doch während der Schulstunde wünschen wir, dass jede*r einzelne Schüler*in geschützt ist durch den Klassenzusammenhalt und bestenfalls durch eine präsente und aktive Lehrperson. Wir wissen jedoch bereits, dass Mobbing besonders oft auftritt, wenn Lehrkräfte Vorfälle ignorieren oder nur zögerlich eingreifen. Das gilt besonders für die Pausenaufsicht. **JE BESSER DER SCHULHOF BEAUFSICHTIGT WIRD, DESTO SELTENER TRITT MOBBING AUF.**

Denn natürlich fürchten die Täter*innen, für ihr Verhalten bestraft zu werden, und halten sich daher zurück, sobald sie eine Aufsichtsperson wittern. Dann müssen sie fürchten, dass sie unterbrochen oder aufgehalten werden, wenn sie dich doch attackieren.

Für dich bedeutet das: Wenn du dich in der Nähe der Aufsichtsperson aufhältst, verhinderst du effektiv, dass Mobbing stattfinden kann. Viele Schulen bieten (vielleicht aus diesem Grund?) auch Pausenaktivitäten an, die von Lehrkräften oder anderem Schulpersonal betreut werden (zum Beispiel Lesepausen in der Bibliothek oder bewegte Pausen in der Sporthalle). Manchmal hilft es, wenn du an deiner Schule so etwas vorschlägst. Habt ihr eine Bibliothek? Dann frag doch, ob du sie als Schüler*in mitbetreuen darfst – und schon hast du Anschluss an die Lehrkraft, die die Bibliothek normalerweise beaufsichtigt.

Ist das eine dauerhafte Lösung? Natürlich nicht. Die Pause soll der Erholung dienen. Du sollst nicht Aktivitäten nachgehen, auf die du eigentlich keine Lust hast, oder dich darauf konzentrieren müssen, der Pausenaufsicht nachzulaufen. Doch es ist eine Möglichkeit, wenn du akut Angst vor Angriffen oder körperlicher Gewalt hast, zumindest für den Moment Ruhe und Sicherheit zu haben.

Halte dich in der Nähe der Pausenaufsicht auf, um dich vor Angriffen zu schützen.

IN DER SCHULE – ANSCHLUSS FINDEN

Langfristig besteht die beste Möglichkeit, sich gegen Mobbing zu schützen, darin, Freund*innen zu finden. Als ich sechzehn war, wurden die Klassen meiner Jahrgangsstufe neu durchmischt. Einige der Täter*innen kamen in andere Klassen als ich und ich fand in der neuen Jahrgangsstufe endlich Freunde. Meine Probleme fielen der Reihe nach um wie Dominosteine. Auf einmal haben wir viel Zeit zusammen verbracht, ich hatte weniger Langeweile, habe nicht mehr nur allein dagesessen. Durch das Essen in der Gemeinschaft habe ich schnell an Gewicht abgenommen und mich wieder wohler in meinem Körper gefühlt. Mit neuem Selbstbewusstsein habe ich mich viel eher getraut, aus mir herauszukommen und auch mal Mitschüler*innen anzusprechen. Eine freundschaftliche Atmosphäre hat den Teufelskreis aus Essen, Scham, Isolation und Mobbing durchbrochen. Wenn ich mit den anderen unterwegs war, waren wir in der Überzahl und die Mobber ließen mich in Ruhe.

Warum das auf einmal funktioniert hat? Erinnerst du dich an den Teufelskreis, über den wir gesprochen haben? Täter*innen hören auch deshalb nicht mit dem Mobbing auf, weil sie soziale Anerkennung von manchen Mitschüler*innen erhalten. Das ermutigt sie.

Doch in jeder Klasse sind auch mögliche Verteidiger*innen, die das Mobbing ablehnen und dir helfen möchten. Etwa jede*r Sechste denkt so, rechne mal hoch, wie viele eigentlich im Herzen auf deiner Seite sind. Oft haben diese Mitschüler*innen jedoch Angst, selbst zum Opfer zu werden, und sehen deshalb stillschweigend zu. Sie hoffen darauf, dass ein anderer Mut aufbringt und die Verantwortung übernimmt. Doch es braucht nur eine einzige Person, die den Anfang macht, die sich traut und die Verantwortung übernimmt, um den Teufelskreis zu durchbrechen.

HILFE DURCH MITSCHÜLER*INNEN:

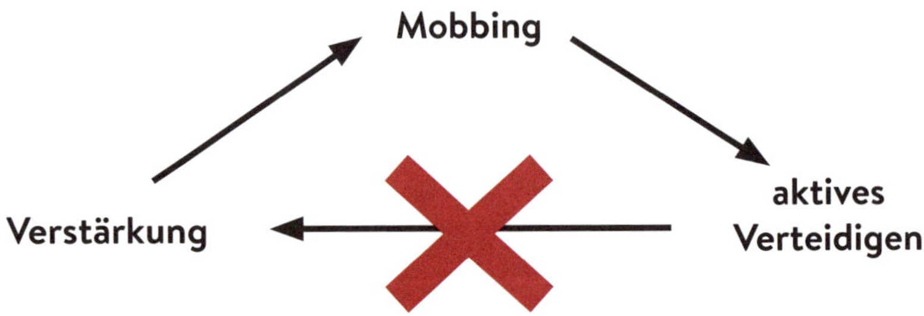

Ein*e Freund*in ist am ehesten diese Person, doch es kann auch jede*r Mitschüler*in sich richtig verhalten: Ein Mensch, dem du und dein Wohl am Herzen liegen, fasst am ehesten den Mut und überwindet seine Angst, um einzugreifen, wenn du gemobbt wirst.

Wenn du aktiv verteidigt wirst, ist das, als hielte man den Täter*innen ein Stoppsignal vor: Dieses Verhalten ist nicht erwünscht. Die übliche Verstärkung fällt weg: Täter*innen erfahren, dass ihr Mobbing nicht (mehr) geduldet wird und auch soziale Anerkennung ausbleibt. Die Täter*innen erfahren stattdessen nur negative Folgen. Sie neigen dazu, das Verhalten in Zukunft nicht fortzusetzen, wenn ihr Mobbing erst einmal unterbrochen worden ist.

Selbst wenn deine Freund*innen sich nicht trauen, im Ernstfall einzugreifen: Dass du nicht allein im Klassenzimmer sitzt oder in der Pause unterwegs bist, macht dich bereits als Mobbingziel unattraktiver. Denn die Täter*innen wissen: Wer Freund*innen hat, wird eher beschützt. Du bist nicht mehr allein, nicht mehr in der Unterzahl. Du kannst dich jetzt wehren, musst nicht mehr alles einfach über dich ergehen lassen. **DAS MACHTGLEICHGEWICHT IST WIEDERHERGESTELLT, EINE BEZUGSPERSON REICHT.**

Nachdem der erste Schritt getan ist, wirst du leichter Anschluss finden.

- Du hast weniger Angst.
- Du wirst präsenter, gehst offener auf Mitschüler*innen zu. Sie können dich jetzt kennenlernen und vielleicht mögen sie dich und haben Spaß mit dir. Das merken auch die Täter*innen.
- Du bist nicht mehr das perfekte Opfer für die Täter*innen. Sie hören auf, dich zu mobben.

Auch die Folgeprobleme lösen sich bald auf. Vielleicht gelingt es, und du hast keinen Stress mehr, kannst dich wieder auf den Unterricht konzentrieren. Du musst deine negativen Gefühle nicht mehr mit dysfunktionalen Strategien verarbeiten, die dir langfristig schaden. Durch positive Sozialkontakte gewinnst du an Selbstwert hinzu. Und das alles kann angestoßen werden durch einen einzigen mutigen Menschen – nenn ihn ruhig Freund*in.

Positive Kontakte zu Mitschüler*innen unterbrechen den Teufelskreis. Freund*innen sind langfristig der beste Schutz gegen Mobbing.

WIE WIR FREUND*INNEN FINDEN KÖNNEN

Hier ein paar Tipps, wie du vorgehen kannst, wenn du Freund*innen finden möchtest. Nicht alles wird immer und auf Anhieb klappen, denn man findet nicht immer und überall und auch nicht in jeder Lebensphase Menschen, die einem nahestehen. Aber manchmal hilft es genauso, alle als Freund*innen zu betrachten, die dir nicht wehtun oder dich mobben. Ist das nicht schön? Auf einmal lebst du in einer freundlichen Welt! Nur weil du Begriffe vertauscht hast. Probiere das doch ruhig einmal aus: In Filmen und durch die sozialen Medien bekommen wir vermittelt, dass Freundschaft etwas ganz Besonderes ist, und dann suchen und suchen wir solche nahestehenden Menschen auch im eigenen Leben. Lass dich nicht unter Druck setzen, sondern sieh mit freundlichen Augen auf deine Mitmenschen/Mitschüler*innen. Dann findest du übrigens am ehesten Freund*innen. Das ist dir zu vage? Hier also gleich ein paar konkretere Tipps:

Du könntest dich mit anderen Mobbing-Opfern an deiner Schule zusammenschließen. Bestimmt suchen auch sie nach Freund*innen und es ist leichter, sich mit Personen anzufreunden, die in einer ähnlichen Situation sind wie du. Ihr könntet euch gegenseitig beschützen! Vielleicht gibt es an deiner Schule Tutor*innen-Programme, bei denen neue Schüler*innen oder solche, die noch keinen Anschluss gefunden haben, von Pat*innen an die Hand genommen werden. Die meisten Schulen bieten über den klassischen Unterricht hinaus am Nachmittag Arbeitsgemeinschaften (AGs) an. Die Schüler*innen dort beschäftigen sich mit einem bestimmten Thema: Fußball, Stricken, Afrika. Vielleicht ist etwas dabei, das dich interessiert, und du lernst dort Mitschüler*innen mit dem gleichen Interesse kennen. Oft hilft auch eine neue Umgebung (zum Beispiel durch Klassenwechsel) dabei, Freund*innen zu finden. Lies dir dazu das nachstehende Kapitel zum Schulwechsel durch.

IN DEINER FREIZEIT

Deine Freizeit sind die Stunden am Tag, die du nicht in der Schule oder mit den Gedanken an sie verbringen musst. Also mach etwas, was dich ablenkt und positive Gefühle in dir auslöst.

Wichtige Fragen sind: Was macht dir Spaß? Was interessiert dich? Wobei vergisst du die Zeit? Ist es Kunst? Oder magst du Bücher? Videospiele? Das weißt du selbst am besten. Egal, was es ist: Außerschulische Aktivitäten können einen positiven Ausgleich bedeuten, einen Gegenpol zu den Strapazen, die du in der Schule erlebst. Und du musst diese Aktivität nicht auf Anhieb mögen.

Manchmal lehnen wir instinktiv alles ab, was uns unter Menschen bringt. Dann gib dir einen Ruck und nimm dir vor, drei Sachen auszuprobieren. Vielleicht ist dann ja wirklich etwas für dich dabei. Du musst nicht gleich in einen Verein, es gibt so viel, was auch zunächst allein total viel Spaß macht.

Hobby gefunden? Super! Überlege, ob du dein Hobby auch draußen ausüben kannst. Gehe in die Natur und zeichne, laufe durch die Stadt und suche nach interessanten Fotomotiven, nimm Reitstunden. Es tut gut, sich zu bewegen, frische Luft zu schnappen und mal etwas anderes zu sehen.

Gibt es eine Möglichkeit, dein Hobby mit anderen Menschen zusammen anzugehen? Es gibt Tanzgruppen, Fußballvereine, Bücherklubs, Kletterhallen. So kannst du Leute kennenlernen, die nicht nur dasselbe Hobby wie du haben, sondern dir gegenüber vollkommen unvoreingenommen sind. Das sind die perfekten Bedingungen, um sich anzufreunden, mal gute Erfahrungen mit Gleichaltrigen zu machen und die soziale Isolation zu bekämpfen, die oft eine Folge von Mobbing ist.

Hobbys können ein positiver Ausgleich sein. Unternimmst du etwas, hast du eine gute Chance, dich mit Menschen anzufreunden, die die gleichen Interessen haben.

Vor allem für Jugendliche, die feststellen, dass ihr Geschlecht oder ihre sexuelle Orientierung vom Durchschnitt abweichen, ist es wichtig, Gleichgesinnte zu finden. Es tut gut, sich auszutauschen, Ansprechpartner für Fragen zu haben. Vielleicht Freund*innen zu finden, die das Gefühl kennen, anders als die anderen zu sein und dafür angegriffen zu werden. Die dich trösten, wenn du diskriminiert wurdest. Insbesondere wenn deine Familie oder die Mitschüler*innen dich nicht akzeptieren, kann es ein heilsamer Ausgleich sein, Menschen kennenzulernen, die so sind wie du.

In jeder größeren Stadt gibt es queere Jugendgruppen, bei denen du meist sehr unkompliziert und spontan vorbeischauen kannst. Das ist vielleicht nicht leicht, aber der Mut lohnt sich. Vereine wie die AIDS-Hilfe organisieren in vielen Städten Jugendtreffs für LSBTIQ+. Google doch einfach mal los, welche Angebote deine Umgebung so bereithält!

IM NETZ

Mit vierzehn wurde ich schon eine ganze Weile lang gemobbt. Auf einem Forum, das sich mit Anime und Manga beschäftigte, lernte ich damals ein Mädchen in meinem Alter und ihre um ein paar Jahre ältere Cousine kennen. Zuerst hatten wir gechattet (kennt hier noch jemand ICQ?), später telefonierten wir sogar (benutzt hier noch jemand Skype?). Das war zuerst eine riesige Überwindung für mich. Doch wir verstanden uns gut, hatten viel gemeinsam, erzählten, lachten, spielten online miteinander. Zweifel daran, dass sie eine echte Person war, hatte ich nie. Wir hatten recht früh Fotos von uns ausgetauscht. Als wir zum ersten Mal über das Festnetz telefonierten, ging ihre Mutter ans Telefon. »Ich bin Simones Freund aus dem Internet!«, sagte ich und sie wusste sofort, was ich damit meinte. Mir hat das damals viel Kraft gegeben und geholfen, die Einsamkeit zu vertreiben, die mich so gequält hat.

Das Bündnis gegen Cybermobbing und die Techniker Krankenkasse haben in einer aktuellen Untersuchung Jugendliche befragt, aus welchen Motiven sie soziale Netzwerke nutzen. Jede*r dritte Jugendliche antwortete, dass ihr*ihm »die Leute dort sehr wichtig« sind, und jede*r Fünfte, dass er »darüber viele echte Freunde« findet. Das gilt insbesondere für Jugendliche, die eher unzufrieden mit ihrem Leben oder ihrer aktuellen Situation sind (zum Beispiel Mobbing-Opfer). Sie nutzen soziale Netzwerke öfter, um Freundschaften zu schließen, halten Online-Communitys für wichtiger und identifizieren sich stärker mit ihrer jeweiligen Community.

Für Jugendliche, die gemobbt werden, sind positive Onlinekontakte besonders wichtig.

Das ist nicht nur nachvollziehbar, darin liegt auch eine große Chance! Als Mobbing-Opfer, das in der Schule einen »Ruf weg« hat und sich in dieser Umgebung wenig bis gar nicht traut, andere Leute anzusprechen und sich mit ihnen anzufreunden, gibt das Internet dir neue Möglichkeiten. Es ermöglicht dir einen Neustart. Im Netz bist du ein unbeschriebenes Blatt. Dich kennt niemand und keine*r beurteilt dich aufgrund der Dinge, die Leute über dich sagen.

Innerhalb von Communitys kannst du Menschen mit den gleichen Interessen kennenlernen. Das kann ein Discord-Server zum Thema Fotografie sein, der Twitter-Account eines Fortnite-Let's-Players oder ein Forum zu queeren Themen. Online-Communitys können ein Wir-Gefühl vermitteln, das es in deiner Klasse nicht gibt, und so deine Einsamkeit bekämpfen. Du kannst dich zu Themen austauschen, die dich interessieren oder selbst betreffen, und mit ein bisschen Glück sogar Freund*innen finden: Menschen, mit denen du Spaß haben kannst, die dir bei Sorgen zuhören, die einen positiven Ausgleich zur Schule darstellen. Wie eine echte Freundschaft eben – nur online. Denn Freundschaften im Netz können genauso positiv, authentisch und hilfreich sein wie klassische Freundschaften.

Online-Freund*innen sind »echte Freund*innen«.

Das Mädchen aus dem Internet und ich haben übrigens bis heute Kontakt. Falls du das liest, liebe Simone: Danke für deine Freundschaft. Du glaubst gar nicht, was sie mir vor allem damals bedeutet hat – aber auch heute möchte ich auf das Gefühl nicht verzichten, dass du gerne an mich denkst.

LIEBE ELTERN,

bitte gebt Onlinefreundschaften eine Chance. Ich weiß, es gibt viele Vorurteile. Und ja, es ist Vorsicht geboten. Doch nicht alle Onlinekontakte sind gefährlich und falsch. Im Gegenteil: Oft ist das für Kids eine echte Chance, außerhalb des vom Mobbing überschatteten Schulkontextes eine ehrliche und wertvolle Freundschaft zu schließen.

Es gibt durchaus Wege, mit der nötigen Vorsicht vorzugehen: Sprecht mit euren Kindern offen über ihre Onlinekontakte. Bittet sie, vorsichtig zu sein und im Zweifelsfall auf euch zuzukommen. Ein Videotelefonat mit der betreffenden Person kann die Identität sicherstellen. Bei jüngeren Kindern kann das auch ein gegenseitiges Elterngespräch sein, um Zweifel auf beiden Seiten ausräumen.

Ihr steht auf der gleichen Seite und habt das gleiche Ziel: Eine*n Freund*in, einen positiven Kontakt für euer Kind zu finden. Wie man sich online schützen kann, dazu gibt es wertvolle Tipps im anschließenden Kapitel.

- **Wir Menschen sind soziale Wesen.**
- **Eine einzige stabile Bezugsperson kann alles verändern.**
- **Das beste Mittel gegen Mobbing in der Schule sind Freund*innen.**
- **Außerschulische Aktivitäten und Hobbys können dir einen Ausgleich und positive Kontakte verschaffen.**
- **Queere Jugendliche können in Jugendtreffs oder online Gleichgesinnte finden.**
- **Schüler*innen, die in der Schule nur schwer Anschluss finden, können im Netz Menschen kennenlernen, die ähnliche Interessen wie sie haben.**

» Andere Menschen sind die beste Strategie, die wir haben.

4.3 DICH IM NETZ SCHÜTZEN

Egal, ob du online nach Freundschaften suchst oder im Gegenteil Cybermobbing erfährst: Du musst dich schützen. Es ist wichtig zu wissen, wie du online deine Privatsphäre bewahren, dich vor dem Missbrauch deiner Daten absichern und im Zweifelsfall deine Rechte durchsetzen kannst.

» Fast jede*r, der*die das Internet nutzt, wird irgendwann Opfer einer Cyberattacke: Du bist nicht allein.
» Beiträge, die in sozialen Netzwerken gepostet werden, unterliegen den Richtlinien des Netzwerkanbieters. Du bist zu jung, um auf dem Netzwerk unterwegs zu sein? Auch dann muss dir geholfen werden.
» Nutzer*innen, die euch beleidigen, belästigen, verunglimpfen oder diskriminieren, verstoßen gegen diese Richtlinien.
» Wer eure Identität annimmt oder private Informationen, Fotos und Videos ohne eure Zustimmung teilt, begeht eine Straftat.
» Das kann und sollte geahndet werden. Sprich darüber mit erwachsenen Personen, sie werden dir helfen, zu deinem Recht zu kommen. Und je mehr wir das tun, umso einfacher wird das.
» Vor Personen, die dich online stalken, kannst du dich durch entsprechende Privatsphäre-Einstellungen schützen.

DEINE MÖGLICHKEITEN (ONLINE):

» Melde den entsprechenden Beitrag oder Account. Im besten Fall wird er gelöscht und der Account, der den Post getätigt hat, wird verwarnt oder gesperrt. Meldungen erfolgen übrigens anonym – also keine Sorge.
» Beweise sichern (das heißt Screenshots machen), falls du den Vorfall anzeigen willst.

- Kontrolliere, wer deine Beiträge sehen, teilen und kommentieren darf.
- Lege fest, wer dir Direktnachrichten schicken darf.
- Blockiere Kontakte in Messengerdiensten, damit sie dir nicht mehr schreiben oder einsehen können, wann du zuletzt online warst.
- Blockiere die Accounts der Täter*innen in den sozialen Netzwerken, damit sie nicht mehr auf deine Inhalte zugreifen können.
- Wirst du in Gruppenchats auf Messengerdiensten (zum Beispiel WhatsApp) belästigt, wende dich an die Administrator*innen. Nur sie haben das Recht, einzelne Mitglieder aus der Gruppe zu entfernen oder alle Mitglieder stumm zu schalten und damit komplett für Ruhe zu sorgen (zum Beispiel WhatsApp). Je nach Messengerdienst (zum Beispiel Telegram) können sie auch einzelne Nachrichten löschen.
- Die Täter*innen sind die Administrator*innen? Es ist ein Klassenchat, aus dem du dich nicht entfernen kannst, weil du sonst wichtige Informationen über die Hausaufgaben nicht mitbekommst? Fordere ein, dass alle Mitglieder der Klasse Administrator*innen-Rechte erhalten, dann seid ihr zumindest gleichberechtigt. Du hast noch immer keine Ruhe? Dann fordere von einer Lehrkraft, dass sie auch mit im Chat sein muss, das sollte helfen.
- Lege dir neue Accounts mit anderen Usernamen an, von denen sie nichts wissen.
- Wenn dir alles zu viel wird, nimm dir einen Tag frei von Social Media. Oder schalte zumindest deine Benachrichtigungen aus.

Wo diese Funktionen in den am häufigsten genutzten sozialen Netzwerken und Messengerdiensten zu finden sind und wie man sie aktiviert, habe ich dir am Ende des Kapitels über das Einstellen von Apps zusammengetragen.

Leider sind viele soziale Netzwerke sehr nachlässig, was das Entfernen und Sanktionieren von regelwidrigen Beiträgen angeht. Aber auch Aussagen, die im Internet vermeintlich anonym getroffen werden, unterliegen den deutschen Gesetzen und können zur Anzeige gebracht werden. Üble Nachrede und Verleumdung sind Tatbestände, gegen die ihr euch wehren dürft und solltet. Viele Menschen, die sich im Netz bewegen, halten sich und ihr Tun durch die Anonymität für unantastbar. Das ist jedoch nicht der Fall. Die Polizei hilft dir, Strafanzeige gegen unbekannt zu erstatten. Das geht auch unkompliziert online. Die Staatsanwaltschaft verfügt über Mittel und Wege, um herauszufinden, welche reale Person sich hinter einem Usernamen verbirgt. Sie kann außerdem erwirken, dass Inhalte aus dem Netz gelöscht werden. Und egal, wie die Ermittlungen zur Anzeige ausgehen: Oft reicht bereits die Erkenntnis, dass Cybermobbing kein Spaß ohne Folgen und das Internet kein Raum ohne Gesetze ist.

Falls das soziale Netzwerk nicht gegen den Beitrag durchgreift, kannst du Strafanzeige erstatten.

DEINE MÖGLICHKEITEN (OFFLINE):

- Zuallererst: Einen kühlen Kopf bewahren.
- Mit Freund*innen darüber zu sprechen, hilft dir vielleicht, damit klarzukommen. Mit deinen Eltern oder anderen Erwachsenen zu reden, erleichtert es dir, Maßnahmen zu ergreifen (zum Beispiel Posts löschen zu lassen, die Polizei einzuschalten) und Lösungen zu finden.
- Um weitere Vorfälle zu verhindern, sollten du oder sollten deine Eltern mit den Eltern der Täter*in sprechen. Wusstest du, dass nur zwanzig Prozent der Eltern ihre Kinder fragen, was sie im Netz treiben? Dabei haben sie da durchaus Pflichten. Die Eltern mal darauf hinzuweisen, kann wirklich nicht schaden

» Der*die Täter*in sollte (von seinen*ihren Eltern oder der Polizei) damit konfrontiert werden, wie weitreichend die Folgen ihrer Taten für dich sind und welche rechtlichen Konsequenzen es für sie geben kann.

» **Jede*r, der*die sich im Internet bewegt, kann Opfer einer Cyberattacke werden.**
» **Mithilfe der richtigen Privatsphäre-Einstellungen kannst du dich schützen.**
» **Cybermobbing ist kein Kavaliersdelikt. Du darfst und solltest dich dagegen wehren.**
» **Du solltest regelwidrige Beiträge melden oder bei der Polizei Anzeige erstatten.**
» **Das Internet ist kein Raum ohne Gesetze.**

DIE RICHTIGE EINSTELLUNG: WIE MAN SICH MÖGLICHST UNANGREIFBAR MACHT

Twitter

» **NUR ACCOUNTS, DIE DU BESTÄTIGT HAST,** können deine Tweets (und Fleets) lesen und niemand kann sie teilen: Einstellungen und Datenschutz ➲ Datenschutz und Sicherheit ➲ Tweets ➲ Deine Tweets schützen

» **NUR ACCOUNTS, DENEN DU FOLGST,** können dir Direktnachrichten senden: Einstellungen und Datenschutz ➲ Datenschutz und Sicherheit ➲ Direktnachrichten ➲ Nachrichtenanfragen von allen erlauben ausschalten

- **EINSTELLEN, WER AUF DEINEN TWEET ANTWORTEN KANN:** Neuer Tweet ➲ Alle können antworten umschalten zu Leute, denen du folgst oder ➲ »Nur Nutzer, die du erwähnst«
- **ANTWORT AUF DEINEN TWEET AUSBLENDEN:** Tweet-Antwort ➲ drei Punkte ➲ Antwort ausblenden. Die Antwort ist dann nicht mehr regulär unter deinem Tweet zu lesen. Sie kann ausschließlich über die Option ➲ »Ausgeblendete Antworten anzeigen« angezeigt werden.
- **MITTEILUNGEN FILTERN:** Einstellungen und Datenschutz ➲ Datenschutz und Sicherheit ➲ Sicherheit ➲ Mitteilungen ➲ Filter ➲ Qualitätsfilter anschalten, um Antworten niedriger Qualität auszublenden
- **DIREKTNACHRICHTEN FILTERN:** Einstellungen und Datenschutz ➲ Datenschutz und Sicherheit ➲ Direktnachrichten ➲ Nachrichten »geringer Qualität ausfiltern« anschalten
- **ACCOUNT BLOCKIEREN:** Tweet oder Profil des Accounts ➲ drei Punkte ➲ @nutzername blockieren
- **ACCOUNT STUMM SCHALTEN:** Tweet oder Profil des Accounts ➲ drei Punkte ➲ @nutzername stummschalten
- **TWEET MELDEN:** Tweet ➲ drei Punkte ➲ Tweet melden ➲ Grund auswählen
- **JEMAND GIBT PRIVATE INFORMATIONEN ÜBER DICH PREIS:** Das ist missbräuchlich oder verletzend ➲ Beinhaltet private Informationen
  - **JEMAND ERMUTIGT DICH ZU SUIZID ODER SELBSTVERLETZUNG:** Das ist missbräuchlich oder verletzend ➲ Diese Person ermutigt zu Selbstmord oder Selbstverletzung oder denkt darüber nach
  - **JEMAND DROHT DIR:** Fällt unter das Netzwerkdurchsuchungsgesetz ➲ Gewalt/Bedrohung/Aufforderung zu Straftaten ➲ Paragraf 241 StGB: Bedrohung

» **JEMAND BELEIDIGT DICH:** Fällt unter das Netzwerkdurchsuchungsgesetz ➲ Beleidigung/Üble Nachrede ➲ Paragraf 185 StGB: Beleidigung
» **JEMAND VERBREITET UNWAHRE VORWÜRFE** über dich (und weiß, dass sie nicht wahr sind): Fällt unter das Netzwerkdurchsuchungsgesetz ➲ Beleidigung/Üble Nachrede ➲ Paragraf 186 StGB: Üble Nachrede (oder: Paragraf 187 StGB: Verleumdung)
» **JEMAND VERBREITET FOTOS ODER VIDEOS** von dir: Fällt unter das Netzwerkdurchsuchungsgesetz ➲ Verletzung des höchstpersönlichen Lebensbereichs ➲ Paragraf 201a StGB: Verletzung des höchstpersönlichen Lebensbereichs durch Bildaufnahmen
» **MELDUNG MACHEN:** Anschließend musst du angeben, gegen wen der Tweet sich richtet. Wenn du selbst den Tweet meldest, gib »Gegen mich gerichtet« an. Wenn deine Erziehungsberechtigten ihn melden, sollten sie »Gegen jemanden gerichtet, den ich gesetzlich vertrete« angeben. Deine Freund*innen können ihn ebenfalls melden »Gegen andere gerichtet«.

» **ACCOUNT MELDEN**: Profil des Accounts ➲ drei Punkte ➲ @nutzername melden ➲ Grund auswählen

» **JEMAND GIBT SICH ALS DU AUS:** Der Nutzer gibt sich als mich oder jemand anderes aus. Je nachdem, ob du oder deine Eltern den Account melden, muss bei der Frage, wessen Identität missbraucht wird, entweder »Ich« oder »Jemand, den ich vertrete«, angegeben werden.

Instagram

» **EINBLICK IN DEINEN INSTAGRAM-ACCOUNT:** Nur Accounts, die du bestätigt hast, können deine Posts und Stories sehen: Profil ➲ Einstellungen ➲ Privatsphäre ➲ Konto-Privatsphäre ➲ Privates Konto aktivieren

» **EINSTELLEN, WER AUF DEINEN POST ANTWORTEN KANN:** Profil ➲ Einstellungen ➲ Privatsphäre ➲ Interaktionen ➲ Kommentare ➲ Wähle aus zwischen »Alle«, »Personen, denen du folgst und deine Abonnenten«, »Personen, denen du folgst« und »Deine Abonnenten«

» **DEIN BEITRAG KANN NICHT GETEILT WERDEN:** Profil ➲ Einstellungen ➲ Privatsphäre ➲ Interaktionen ➲ Story ➲ Teilen ➲ Zulassen, dass deine Beiträge in Stories geteilt werden deaktivieren

» **EINSTELLEN, WER DEINE STORY SEHEN KANN:** Profil ➲ Einstellungen ➲ Privatsphäre ➲ Interaktionen ➲ Story ➲ Story verbergen vor ➲ Account auswählen

» **DEINE STORY KANN NICHT GETEILT WERDEN:** Profil ➲ Einstellungen ➲ Privatsphäre ➲ Interaktionen ➲ Story ➲ Teilen ➲ »Teilen als Nachricht zulassen« deaktivieren

» **NIEMAND KANN SEHEN, WANN DU ZULETZT ONLINE WARST:** Profil ➲ Einstellungen ➲ Privatsphäre ➲ Interaktionen ➲ Aktivitätsstatus ➲ »Aktivitätsstatus anzeigen« deaktivieren

» **EINSTELLEN, WER DIR DIREKTNACHRICHTEN SENDEN DARF:** Profil ➲ Einstellungen ➲ Privatsphäre ➲ Interaktionen ➲ Nachrichten ➲ Neue Nachrichtenanfragen zulassen ➲ Wähle aus zwischen »Alle« und »Nur Personen, denen du folgst«

» **KOMMENTARE FILTERN:** Profil ➲ Einstellungen ➲ Privatsphäre ➲ Interaktionen ➲ Kommentare ➲ Filter ➲ »Beleidigende Kommentare verbergen« anschalten

» **KOMMENTAR LÖSCHEN:** Kommentar nach links wischen ➲ rotes Abfalleimer-Symbol antippen

» **ACCOUNT BLOCKIEREN:** Profil des Accounts ➲ drei Punkte ➲ blockieren

» **ACCOUNT EINSCHRÄNKEN:** Profil des Accounts ➲ drei Punkte ➲ einschränken. Einschränken ist wie blockieren, nur unauffälliger. Eingeschränkte Accounts erfahren nämlich nicht, dass sie eingeschränkt wurden. Sie können weiterhin Kommentare zu deinen Posts schreiben, doch nur du und der eingeschränkte Account können diese lesen.

» **BEITRAG MELDEN:** entsprechender Beitrag ➲ drei Punkte ➲ melden

» **KOMMENTAR MELDEN:** entsprechenden Kommentar nach links wischen ➲ Sprechblasen-Symbol antippen ➲ Diesen Kommentar melden

» **DIREKTNACHRICHT MELDEN:** entsprechende Nachricht gedrückt halten ➲ melden ➲ Grund auswählen

  » **JEMAND BELÄSTIGT DICH:** unangemessene Inhalte ➲ Mobbing oder Belästigung ➲ »Ich« oder »Jemand, den ich kenne«

  » **JEMAND GREIFT DICH PERSÖNLICH AN ODER DROHT** dir Gewalt an: unangemessene Inhalte ➲ Hassrede oder -symbole

  » **JEMAND VERWENDET DEINE FOTOS** ohne Erlaubnis oder gibt sich für dich aus: unangemessene Inhalte ➲ Verstöße gegen Rechte an geistigem Eigentum. Meldung muss von betroffener Person oder gesetzlichem*r Vertreter*in erfolgen.

» **ACCOUNT MELDEN:** Profil des Accounts ➲ drei Punkte ➲ melden ➲ Grund auswählen

  » **JEMAND GIBT SICH FÜR DICH AUS:** unangemessene Inhalte ➲ Konto melden ➲ Er gibt vor, eine andere Person zu sein ➲ »Mich« oder »Jemanden, den ich kenne«

  » **ALLES ANDERE:** unangemessene Inhalte ➲ Konto melden ➲ Er postet Content, der nicht auf Instagram sein sollte

TikTok

» **VIDEOS ANSCHAUEN KÖNNEN NUR ACCOUNTS, DIE DU BESTÄTIGT HAST:** dein Profil ➲ Einstellungen und Datenschutz (drei Punkte) ➲ Konto ➲ Datenschutz ➲ Auffindbarkeit ➲ Privates Konto anschalten

- **ZU DEN MEISTEN EINSTELLUNGEN GELANGST DU HIER:** dein Profil ➲ Einstellungen und Datenschutz (drei Punkte) ➲ Konto ➲ Datenschutz ➲ Sicherheit
  - **WER DIR DIREKTNACHRICHTEN SENDEN KANN:** »Freunde« oder »Niemand«
  - **WER MIT DEINEN VIDEOS EIN STITCH AUFFÜHREN KANN:** »Alle«, »Freunde« oder »Niemand«
  - **WER MIT DEINEN VIDEOS EIN DUETT AUFFÜHREN KANN:** »Alle«, »Freunde« oder »Niemand«
  - **WER DIE VIDEOS SEHEN KANN, DIE DIR GEFALLEN:** »Alle« oder »Nur ich«
  - **WER DEINE VIDEOS KOMMENTIEREN KANN:** »Alle«, »Freunde« oder »Niemand«
  - **KOMMENTARFILTER:** »Spam und beleidigende Kommentare filtern« anschalten
  - **TIKTOK POSTEN:** Bevor du auf »Veröffentlichen» drückst
  - **WER KANN DIESES VIDEO ANSCHAUEN:** »Öffentlich«, »Freunde« (das heißt Accounts, die dir folgen und denen du folgst) oder »Privat«
  - **KOMMENTARE ERLAUBEN:** an- oder ausschalten
  - **DUETT/STITCH ERLAUBEN:** an- oder ausschalten
  - **KOMMENTAR LÖSCHEN:** entsprechenden Kommentar gedrückt halten ➲ Löschen
  - **KOMMENTAR MELDEN:** entsprechenden Kommentar gedrückt halten ➲ Melden ➲ Grund auswählen
  - **JEMAND DROHT DIR:** Fällt unter das Netzwerkdurchsuchungsgesetz ➲ Nutzer/in ➲ Gewalt/Bedrohung/Aufforderung zu Straftaten ➲ Paragraf 241 StGB: Bedrohung
  - **JEMAND BELEIDIGT DICH:** Fällt unter das Netzwerkdurchsuchungsgesetz ➲ Nutzer/in ➲ Beleidigung/Üble Nachrede ➲ Paragraf 185 StGB: Beleidigung

   - **JEMAND VERBREITET UNWAHRE VORWÜRFE** über dich (und weiß, dass sie nicht wahr sind): Fällt unter das Netzwerkdurchsuchungsgesetz ➲ Nutzer/in ➲ Beleidigung/Üble Nachrede ➲ Paragraf 186 StGB: Üble Nachrede (oder: Paragraf 187 StGB: Verleumdung)
   - **JEMAND VERBREITET FOTOS ODER VIDEOS VON DIR**: Fällt unter das Netzwerkdurchsuchungsgesetz ➲ Nutzer/in ➲ Verletzung des höchstpersönlichen Lebensbereichs ➲ Paragraf 201a StGB: Verletzung des höchstpersönlichen Lebensbereichs durch Bildaufnahmen
   - **JEMAND BELÄSTIGT DICH** oder gibt private Informationen über dich preis: Belästigung oder Mobbing ➲ »Ich« oder »Jemand, den ich kenne«
   - **JEMAND ERMUTIGT DICH ZU SUIZID ODER SELBSTVERLETZUNG:** Mehr ➲ Suizid, Selbstverletzung und gefährliche Handlungen ➲ Suizid oder Selbstverletzung
   - **JEMAND DISKRIMINIERT DICH:** Hassrede
   - **MELDEBESCHREIBUNG** (optional) ausfüllen, falls notwendig Unterschrift leisten und bestätigen, dass die Informationen wahr und fehlerfrei sind ➲ abschicken
- **BENUTZER SPERREN:** Profil des Benutzers ➲ drei Punkte ➲ Sperren ➲ bestätigen. Gesperrte Benutzer können dein Profil und deine TikToks nicht mehr sehen. Sie bekommen keine Mitteilung darüber, dass sie gesperrt wurden.
- **TIKTOK MELDEN:** entsprechendes TikTok ➲ teilen ➲ melden
- **DIREKTNACHRICHT MELDEN:** entsprechender Nachrichtenverlauf ➲ drei Punkte ➲ melden ➲ Grund auswählen ➲ betreffende Nachrichten anhängen ➲ abschicken
- **BENUTZER MELDEN:** Profil des Benutzers ➲ drei Punkte ➲ melden ➲ Konto melden ➲ Grund auswählen

» **JEMAND GIBT SICH ALS DU AUS:** Gibt sich als jemand anderes aus ➲ Ich ➲ abschicken

Snapchat

- » **ZU DEN EINSTELLUNGEN** gelangst du hier: dein Profil (dein Bitmoji antippen) ➲ Einstellungen (das Zahnrad antippen) ➲ Wer darf ...
- » **EINSTELLEN, WER DICH KONTAKTIEREN DARF** (Snaps, Chats, Anrufe): »Jeder« oder »Meine Freunde«
- » **EINSTELLEN, WER DEINE STORY ANSCHAUEN DARF:** »Jeder«, »Meine Freunde« oder »Benutzerdefiniert« (das heißt vor einzelnen Freunden verbergen)
  - » **EINSTELLEN, WER DEINEN STANDORT SEHEN DARF:** Geistmodus anschalten, damit niemand deinen Standort sehen kann. Ist der Geistmodus ausgeschaltet, kannst du entweder einzelne Freunde aussuchen (Nur diese Freunde ...) oder ausschließen (Meine Freunde, außer ...), die deinen Standort sehen dürfen beziehungsweise nicht sehen dürfen. Hintergrund ist die Snap Map der App, auf der der Standort aller Kontakte in Echtzeit verzeichnet ist. Das Feature ist so lange aktiv, bis es von dir ausgestellt wird.
- » **KONTAKT ENTFERNEN, BLOCKIEREN ODER MELDEN:** Chat (auf Sprechblase drücken) ➲ entsprechenden Kontakt gedrückt halten ➲ Mehr
  - » **FREUND ENTFERNEN** ➲ bestätigen
  - » **BLOCKIEREN** ➲ bestätigen
  - » **MELDEN** ➲ »Der Nutzer nervt mich«, »Gemeine oder unangemessene Snaps« oder »Jemand gibt sich als ich aus« ➲ bestätigen

WhatsApp

- » **ZU DEN EINSTELLUNGEN** gelangst du hier: Einstellungen ➲ Account ➲ Datenschutz

- **WER KANN SEHEN, WANN ICH ZULETZT ONLINE WAR:** »Jeder«, »Meine Kontakte« oder »Niemand«
- **WER KANN MEIN PROFILBILD SEHEN:** »Jeder«, »Meine Kontakte« oder »Niemand«
- **WER KANN MEINE STORY SEHEN:** »Meine Kontakte, »Meine Kontakte« außer ...« (einzelne Kontakte ausschließen) oder »Teilen nur mit ...« (einzelne Kontakte aussuchen)
- **WER KANN DICH GRUPPEN HINZUFÜGEN:** »Jeder«, »Meine Kontakte« oder »Meine Kontakte außer ...« Von allen anderen erhältst du zunächst eine persönliche Einladung, die du annehmen oder ablehnen kannst.
- **KONTAKT BLOCKIEREN:** Chats ➲ entsprechenden Chat öffnen ➲ den Namen des Kontakts antippen ➲ Kontakt blockieren. Blockierte Kontakte können dich nicht mehr anrufen oder dir Nachrichten schicken. Sie bekommen keine Mitteilung darüber, dass sie blockiert wurden.
- **KONTAKT MELDEN:** Chats ➲ entsprechenden Chat öffnen ➲ den Namen des Kontakts antippen ➲ Kontakt melden
- **GRUPPE MELDEN:** Chats ➲ entsprechende Gruppe öffnen ➲ den Namen der Gruppe antippen ➲ Gruppe melden

4.4 DIE SCHULE WECHSELN

Inke Hummel (43, Bonn) ist Bindungsexpertin und Autorin. Sie hat aufgrund von Mobbing die Schule gewechselt. So hat sie die Situation damals erlebt:

Meine Mitschüler*innen kannten sich alle schon mindestens ein Jahr lang und ich war die Neue. Eines der Mädchen öffnete sich für mich und half mir, immer besser in der Klasse anzukommen. Doch es gab einen Unruheherd, der alle belastete: ein anderes Mädchen, das Psychospielchen spielte. Sie hatte das Sagen. Und jede*r war mal dran – auch ich. Dann wurde heimlich vereinbart, dass einen ganzen Tag lang keine*r mit der auserwählten Person reden durfte, ohne eine Erklärung abzugeben. Gerüchte wurden in die Welt gesetzt. Es wurde mit dem Selbstwertgefühl der Einzelnen gespielt, bis man sich ganz klein gemacht hatte, um wieder zu gefallen.

Zum Glück trauten meine Freundin und ich uns, alles unseren Eltern anzuvertrauen. Sie versuchten, uns zu bestärken, aber das reichte nicht. Schließlich entschieden sie sich, mit Schul- und Klassenleitung zu sprechen, um eine Lösung der Situation zu bewirken. Doch die Schulseite stellte sich stur: Sie hätten nichts von solchen Vorgängen bemerkt und es seien doch nur Kinder, wie schlimm könne das schon sein? Nichts half, diese Einstellung zu ändern. Wir waren wirklich enttäuscht.

Unsere Eltern taten sich nicht leicht mit dem nächsten Schritt. Doch sie sahen unser Leid (zum Glück!) und starteten Gespräche mit einer anderen Schule. Die dortige Schulleitung war sehr offen

und sensibel. Wir konnten beide wechseln und in den neuen Klassen meldeten sich freiwillig Paten, die sich um ein gutes Ankommen kümmern sollten. Das half mir sehr, denn ich konnte Vertrauen fassen. Sie erklärten mir alles, nahmen mich auf. Für mich war es die absolute Rettung und der erneute Wechsel deutlich weniger schlimm als ein noch längeres Aushalten der seelischen Quälerei.

Ich habe die Schule damals nicht gewechselt. Ich hatte zu viel Angst vor der Veränderung und davor, mich in einer neuen Schule zurechtfinden und behaupten zu müssen. Ich hatte gehofft, dass die Täter*innen einfach aufhören würden. Dass es ihnen irgendwann einfach keinen Spaß mehr machen würde. Doch wer keine Grenzen aufgezeigt bekommt, der sieht ja keinen Grund aufzuhören – also ging es immer und immer weiter. Bis sich die Klassenzusammensetzung änderte.

Mobbing-Opfer sehen diese Möglichkeit, in einer neuen Klassenzusammensetzung glücklicher werden zu können, übrigens oft früher als die Eltern. Daher hier gleich ein Kasten für die Leser*innen, die Eltern sind und vielleicht sogar aus aktuellem Anlass das Buch in die Hand genommen haben.

TIPPS FÜR ELTERN

DIE FLUCHT NACH VORN

Liebe Eltern,
es ist wirklich so: Die Schule zu wechseln, ist eine Option. Bitte lasst diese Möglichkeit an euch heran. Ich weiß, dass es Aufwand bedeutet. Und ich weiß, dass es eine Umstellung für euch und euer Kind bedeutet, vielleicht auch noch für weitere Geschwisterkinder. Natürlich würdet ihr eine andere Lösung bevorzugen.

Ich weiß aber auch, dass Mobbing oft jahrelang anhält und Menschen Stück für Stück zermürbt. Diplomatische Lösungsansätze greifen leider nicht immer, auch wenn es wirklich zahlreiche gibt: Gespräche, Rollenspiele, Strafen. Und wenn ihr auf Zustimmung der Schule wartet – nun, da wartet ihr oft vergebens.

Ich weiß, dass Mobbing in vielen Fällen erst dann aufhört, wenn die Schulzeit endet, die Klassen neu durchmischt werden oder die Mobber*innen die Schule verlassen. Ihr solltet überlegen, ob ihr es eurem Kind zumuten wollt, so lange auf eine entspannte und friedliche Schulzeit zu warten.

Die Flucht nach vorn ist keine Schande. Sie kann eurem Kind eine unbeschwerte Schulzeit ermöglichen und es vor Folgeschäden wie psychischen Erkrankungen schützen. Das ist erst recht wichtig und bedenkenswert, wenn ein*e Lehrer*in der*die Täter*in sein sollte. Ja, auch das kommt vor.

Ich bitte euch daher: Redet mit eurem Kind, erörtert die Situation. Wie lange dauert das Mobbing schon an? Was wurde versucht? Was ist gescheitert? Wird die Schule bei Problemen aktiv oder sitzt man dort das Problem aus? Ist eine andere Lösung in Sichtweite? Was für Alternativen gibt es und wie realistisch sind die?

Die Entscheidung trefft am Ende, wenn alle Fürs und Widers bedacht sind, bitte gemeinsam: Kann das Mobbing in naher Zukunft gestoppt werden? Würde ein Klassenwechsel ausreichen? Oder ist ein Schulwechsel doch die beste (und einzige) Option?

Vertraut eurem Kind! Es weiß selbst am besten, wie sehr es leidet.

Ich höre schon die Einwände von allen Seiten: Ein Schulwechsel ist doch keine Lösung. Oder: Man darf doch vor Problemen nicht weglaufen! Wir sollten uns endgültig von solchen Floskeln verabschieden, hier geht es schließlich um dich, ein ganz konkretes Kind in einer ganz eigenen Situation. Und nur danach sollten wir die Lage beurteilen – aber auch die Aussichten und Chancen, die ein Schulwechsel bietet.

Heute wünschte ich mir jedenfalls, dass ich es gemacht hätte, dass ich über meinen Schatten gesprungen wäre. Denn aus heutiger Sicht weiß ich: Das hätte mir sehr viel Leid erspart. Denn sie hörten nicht auf mich zu mobben. Sie hörten vier Jahre lang nicht auf.

Wenn ein Kind gemobbt wird, wenn Eltern und Lehrer*innen nichts daran ändern können, wenn die Angst, die Trauer und das Leiden nicht aufhören – doch, dann darf man vor dem Problem »weglaufen«. Man muss es sogar.

- Ein Schulwechsel ist eine Option.
- Entscheidet gemeinsam.
- Ein betroffener Mensch weiß am besten, wie sehr er leidet.
- Die Entscheidung, wie lange der*die Gemobbte noch auf eine »einfache« Lösung warten kann, liegt bei ihm*ihr selbst.

5

WIE DU DICH GEGEN MOBBING STÄRKST

5.1 DEIN WERKZEUGKASTEN

Ich hoffe, dass diese Maßnahmen helfen werden, deine Situation zu verbessern. Doch klar ist: Kein Autor kann in deine Klasse schauen und dir sagen, was du tun musst, um das Mobbing sicher zu stoppen. Das ist unmöglich. Jede Mobbing-Situation ist anders, jede*r Täter*in, jedes Opfer. Und manchmal brauchen Dinge auch einfach ein bisschen Zeit: Freund*innen zu finden, Gespräche zu führen, einen Schulwechsel zu ermöglichen. Das ist scheiße, ja. Aber irgendwann wird es aufhören.

Denn das ist die gute Nachricht: Jedes Mobbing ist zeitlich begrenzt – mach dir das bitte klar. Und egal, ob es bis dahin noch Tage, Wochen oder Monate dauert: Wichtig ist, dass du gut und möglichst unbeschadet durch diese Zeit kommst. Wie das am besten geht? Ein paar Tipps dafür habe ich hier zusammengestellt.

Du weißt schon, dass deine Familie, deine Freund*innen und andere Bezugspersonen dich stärken. Jetzt geht es darum, was du selbst tun kannst, um dich gegen Mobbing zu wappnen. Ich kann dir keine schlagfertigen Sprüche beibringen oder dich Nahkampftechniken lehren (ich bin nicht gerade schlagfertig und ein miserabler Kämpfer). Doch ich kann dir zeigen, wie du am besten mit dir und der Situation umgehst.

Du hast keinen Einfluss darauf, wer dich mobbt. Aber du kannst entscheiden, wie du damit umgehst. Und das Beste daran ist: Die Fähigkeiten, die du dazu brauchst, stecken alle schon in dir. Ganz ehrlich! Ich helfe dir nur, sie zu aktivieren. Ich helfe dir, dir selbst zu helfen. Selfempowerment nennt man das, und das ist mein Ziel: dass du Vertrauen entwickelst in deine eigene Kraft.

Alles, was du brauchst, um dich gegen Mobbing zu stärken, steckt schon in dir.

Aufbauend auf das, was wir über die möglichen Folgen von Mobbing wissen, möchte ich dir Strategien und Übungen zeigen. All diese Fähigkeiten sind wie Werkzeuge, mit denen du etwas reparieren oder vor dem Kaputtgehen schützen kannst, was das Mobbing angreift. Und superpraktisch ist: Du hast sie immer bei dir! Hat das Mobbing ein Ende, ist das noch lange kein Grund, auf die Übungen zu verzichten, denn sie tun dir auf vielen Ebenen gut. Ich jedenfalls möchte gar nicht mehr darauf verzichten.

1. **DU KANNST DEINE RESILIENZ STÄRKEN:** Das bedeutet, ich möchte dich widerstandsfähiger gegen Stress machen. Dann kannst du das Mobbing für die blöde Zeit, die es noch andauert, besser bewältigen und bist langfristig eher vor psychischen Krankheiten geschützt.
2. **DU KANNST DICH ENTSPANNEN:** Damit du wenigstens zu Hause abschalten kannst, werde ich dir ein paar Übungen zeigen. Sie verhindern chronischen Stress und helfen gegen psychosomatische Beschwerden wie Magenschmerzen oder Schlafstörungen.
3. **DU KANNST MIT DEINEN GEFÜHLEN BESSER KLARKOMMEN:** Damit du nicht zu Strategien greifen musst, die dir langfristig schaden und zu Essstörungen, Suchterkrankungen oder sozialen Ängsten führen können.
4. **DU KANNST ETWAS FÜR DEIN SELBSTWERTGEFÜHL TUN:** Ich werde dir Methoden erklären, mit denen du lernst, dir selbst liebevoll zu begegnen, etwa indem du achtsam bist, deine Bedürfnisse wahrnimmst und für dich sorgst. Ich will dir helfen, dich zu akzeptieren, wie du bist, und auf dich und deine Fähigkeiten zu vertrauen. Dann wird die Gefahr geringer, an einer Depression zu erkranken.
5. **DU KANNST DEIN ICH VON DAMALS TRÖSTEN:** Diese Übung ist für alle, bei denen das Mobbing schon lange zurück-

liegt. Ich möchte dir dabei helfen, deine Narben von damals zu akzeptieren, mit ihnen zu leben und unbefangen nach vorn zu sehen.

Du wirst nicht von heute auf morgen perfekt entspannt sein oder ein super Selbstbewusstsein entwickeln. Und auch manche Übungen werden dir anfangs schwerfallen. Das ist okay. Sei geduldig mit dir. Je häufiger du übst, desto besser wirst du und desto eher wendest du die Strategien auch unbewusst im Alltag an. Nimm dir jeden Tag ein bisschen Zeit dafür. Dann bemerkst du Schritt für Schritt Erfolge.

Nimm dir jeden Tag ein bisschen Zeit. Mach die Übungen zu einem Teil deines Alltags.

Diese Strategien können dir helfen, egal, ob du akut gemobbt wirst oder unter den Spätfolgen leidest. Doch nicht jeder Ansatz wird auf dich passen. Menschen gehen mit verschiedene Narben aus einer Zeit des Mobbings hervor. Jede Verletzung ist anders und jede braucht ihr eigenes Heilmittel. Jemand, der hinfällt und sich das Knie aufschürft, braucht einen anderen Verband als jemand, der sich den Arm bricht.

Stell dir deinen eigenen Werkzeugkasten zusammen. Dann schreibst du in Gedanken deinen Namen drauf, und nur du wählst aus, welche Werkzeuge du hineinpackst. Das gilt auch für die Reihenfolge. Lies chronologisch oder fang mit dem an, was dir am Wichtigsten erscheint und was du am meisten brauchst – oder von dem du am besten profitierst.

Es ist dein Werkzeugkasten. Also pack Werkzeug ein, mit dem du gut arbeiten kannst.

Noch ein Hinweis: Wenn du nur eine Hilfestellung brauchst, ein Pflaster, das du selbst aufkleben kannst, dann bist du mit den Vorschlägen, die du gleich lesen wirst, wahrscheinlich gut beraten. Wenn du aber an einem Punkt bist, an dem du denkst: »Das alles macht mir so zu schaffen, dass ich kaum noch normal funktionieren kann.« Dann wird dir dieses Buch vielleicht nicht reichen. Dann solltest du überlegen, ob du professionelle Hilfe in Anspruch nehmen willst. Und bitte glaub mir: Das wäre überhaupt nicht schlimm.

Bereit? Los geht's!

5.2 RICHTIG ENTSPANNEN

Betrachtet man das Wort einmal genauer, so bedeutet Entspannung: Die Anspannung fällt weg. Fight or flight, wisst ihr noch? Sobald die Gefahr verschwunden ist, sorgt unser parasympathisches Nervensystem dafür, dass der Körper sich beruhigt.

» Die Muskeln entspannen sich, die Reflexe verlangsamen sich – wir müssen nicht mehr reagieren, nichts mehr bekämpfen.
» Herzschlagrate und Blutdruck sinken, der Atem wird ruhiger – wir müssen nicht mehr weglaufen.
» Auch psychisch fällt die Anspannung ab – wir müssen nicht mehr ständig aufmerksam sein, um Gefahrensignale wahrzunehmen.
» Die Sinneskanäle dürfen sich berauschen lassen – wir müssen an nichts denken, im Kopf herrscht Pause. Das ist sogar im Gehirn nachweisbar: Je ruhiger wir werden, desto langsamer und synchroner verlaufen die EEG-Wellen.

Entspannung ist beides: körperlich und psychisch.

So weit die Theorie, die auf dem beruht, was wir Menschen in unserer prähistorischen Vergangenheit gelernt haben. In der Praxis sieht das in unserem Alltag heute oft ganz anders aus. Da sind wir auch dann unentspannt, wenn keine körperliche Gefahr droht. Wir sind sehr gut darin, auf der Couch zu liegen und uns trotzdem nicht entspannt zu fühlen, weil wir mal wieder Zeit in unserem Kopf verbringen, wo wir von allerlei Gedanken geplagt werden.

Das ist echt scheiße, denn beides ist wichtig: Die physiologische Entspannung entlastet den Körper. Er kann sich regenerieren und damit die Belastungen ausgleichen, die er über den Tag hinweg erlebt hat. Damit verhindert er seine Abnutzung. Man kann sich das wie einen Föhn vorstellen, den man abschalten muss, wenn er zu heiß wird. Schalten wir ab, schützt uns das auf Dauer vor chronischen Schmerzen, Bluthochdruck und anderen Herz-Kreislauf-Erkrankungen.

Doch die Entspannung im Kopf ist genauso wichtig. Sie sorgt dafür, dass wir uns ganz allgemein wohlfühlen, weil wir den Stress reduzieren. Damit beugen wir auch psychosomatischen Beschwerden wie Kopfschmerzen oder Schlafstörungen vor.

Körperliche Entspannung fällt den meisten Menschen vergleichsweise leicht. Aber was entspannt uns psychisch?

Prinzipiell kann jede Aktivität entspannend sein. Entspannung muss nicht heißen, sich flach auf den Rücken zu legen und ans Mittelmeer zu denken. Klar, viele Menschen finden es entspannend, ein Bad zu nehmen, ein Buch zu lesen, mit Fidget Toys zu spielen oder ASMR-Videos zu schauen. Aber auch körperliche Aktivitäten können psychisch entspannend sein: Yoga machen, Blumen pflanzen, Laufen gehen. Mir hilft Letzteres ungemein dabei, den Kopf freizukriegen. Wenn ich laufe und total außer Puste gerate, ist mein Gehirn wie leer gefegt.

Was deinen Kopf ausschaltet, dir Spaß macht oder dich ablenkt, ist meist auch das, was dich entspannt.

Es kommt nun mal ganz auf die Person an. Der eine findet Heavy-Metal-Musik total entspannend, dem anderen tut sie in den Ohren weh (ich gehöre eher in die zweite Kategorie). Der eine schaut gern Fußball, der andere langweilt sich zu Tode. Ich finde Kinderhörspiele superberuhigend, weil sie mir ein Gefühl von Sicherheit geben, das meine Sorgen egal erscheinen lässt. Ich räume auf, um zu entspannen, denn wenn ich das Chaos in meiner Wohnung beseitigt habe, fühlt sich auch die Unordnung in meinem Kopf kleiner an. Und Songs von The 1975, wenn sie laut und wie ein Sturm durch meinen Kopf fegen und alle meine Gedanken wegpusten, helfen mir fast immer. Doch was dich entspannt, weißt du selbst am besten. Und es ist total okay, wenn das etwas ist, was keine*r sonst so empfindet. Dir muss es helfen – sonst niemandem.

Entspannung ist subjektiv! Du weißt am allerbesten, was dich entspannt.

Bewerte also nicht, und lass dich da auch nicht bewerten. Deine Eltern finden deine Musik nicht gut? Dann nimm dir die Zeit und erkläre ihnen in einem ruhigen Moment, warum du sie brauchst. Deine Freund*innen finden es albern, dass du gerne allein für dich tanzt? Sie müssen das nicht verstehen. Du selbst findest, dass das irgendwie merkwürdig ist, wenn Erwachsene noch Kinderbücher lesen? Ich mache das auch. Und mir ist das inzwischen egal, wie du oder jemand anders das findet, denn ich kann mich wirklich wunderbar dabei entspannen.

Einigen Menschen fällt es schwer, sich zu entspannen. Sie können sich nicht auf eine Aktivität konzentrieren oder einlassen, weil sie zu viel nachdenken und sich sorgen. Gerade Schüler*innen, die gemobbt werden, sind im Kopf oft schon beim kommenden Schultag und dem nächsten Mobbing-Vorfall. Deshalb möchte ich dir einige Techniken zeigen, die dir helfen können, deinen Kopf gezielt abzuschalten: Das sind Entspannungstechniken, von denen es eine Menge gibt (zum Beispiel Traumreise, Yoga, Meditation, Body-Scan), und wenn man ehrlich ist, verliert man ganz schön schnell den Überblick.

Doch eins haben die meisten davon gemeinsam: Sie beschäftigen sich mit Achtsamkeit. Hast du schon davon gehört?

Achtsamkeit bedeutet, deine Aufmerksamkeit bewusst auf die Gegenwart zu lenken.

Führe deine Aufmerksamkeit bewusst hin zu dem, was du jetzt gerade wahrnehmen kannst.

Ein Beispiel: Für die meisten Leute ist Zähneputzen eine so automatisierte Handlung, dass sie dabei an alles Mögliche denken: das schlechte Wetter, die bevorstehende Prüfung oder an damals, als sie blöd gestolpert sind und sich vor allen auf die Fresse gelegt haben. Achtsam Zähneputzen heißt, diese Gedanken sein zu lassen und sich der Zahnbürste zuzuwenden: dem Gefühl, wie sie über deine Zähne gleitet. Kannst du die Frische in deinem Mund schmecken? Wie findest du den Geschmack deiner Zahncreme? Den Härtegrad deiner Zahnbürste? Versuch mal gezielt, den linken oberen Backenzahn zu putzen. Kommst du dran?

Versteht mich nicht falsch: Automatisierung ist total sinnvoll. Wenn wir Dinge wie automatisch machen, haben wir mehr Platz im Kopf für anderes. Leider wissen wir diesen Platz aber oft nicht gezielt einzusetzen. Stattdessen verlieren wir uns in negativen Gedanken und Sorgen. Achtsamkeit ist die ganz bewusste Entscheidung, den freien Platz im Kopf aufzugeben und zur Handlung zurückzukehren.

Also: Versuche doch einmal, die Gedanken einfach im Kopf zu lassen. Bekämpfe sie nicht, sondern wende deine Aufmerksamkeit bewusst auf den Moment. Eigentlich gar nicht so kompliziert. Aber ein Prozess, der nicht immer sofort gelingt, an den man sich selbst erinnern muss, ein Gedankengang, der geübt werden will. Wir fangen gleich damit an.

Achtsamkeit heißt: raus aus dem Kopf, zurück in den Moment.

Der App-Store ist randvoll mit Psychologie-Apps. Bei vielen ist allerdings Vorsicht angebracht. Finger weg von Apps, die psychische Störungen diagnostizieren oder behandeln wollen. So was lass dir besser von Expert*innen erklären, die sich persönlich mit dir und deinem Problem befasst haben. Ausnahmen sind Selfapy, das nur Ärzt*innen verschreiben dürfen, oder die frei zugängliche Selbsthilfe-App *moodgym*, die von der AOK finanziert wird.

Wenn es um Entspannung geht, ist die Auswahl hilfreicher Apps schon größer. Du kannst zum Beispiel Vogelzwitschern, Gewitter und Ozeanwellen in Dauerschleife abspielen (ich kombiniere das gerne mit ein paar Tropfen Duftöl in einem Aroma-Diffuser). Solche Apps heißen zwar »Einschlafgeräusche«, eignen sich aber auch super, um laute nervige Gedanken zu übertönen.

Auch die gängigen Sprachassistenten wie Siri, Alexa und Google Home können das. Andere Apps nehmen dich auf eine Traumreise mit, leiten Meditationen an oder üben Techniken mit dir, die oft anders heißen, bei denen es aber im Kern um Achtsamkeit geht. Einige sind kostenlos, weil sie sich durch Werbung finanzieren. Andere bieten ihre Inhalte nur in Form eines monatlichen Abonnements an. Probier's aus! Ein paar habe ich für dich gesammelt, ausprobiert und aufgelistet. Du findest sie hier im Buch.

- **Körperliche Entspannung ist gut, doch psychische Entspannung ist entscheidend.**
- **Entspannung erholt deinen Körper, steigert dein Wohlbefinden und beugt psychosomatischen Beschwerden wie Kopfschmerzen und Schlafproblemen vor.**
- **Du weißt am besten, was dich entspannt.**
- **Sorgen und negative Gedanken hindern uns häufig daran, uns zu entspannen.**
- **Achtsamkeit heißt: raus aus dem Kopf, zurück in den Moment.**
- **Apps können dir helfen, dich zu entspannen.**

» **Doch Vorsicht bei Anwendungen, die die Behandlung einer handfesten psychischen Erkrankung versprechen.**

ÜBUNG: FÜNF MINUTEN ACHTSAMKEIT

Ich würde euch Achtsamkeit nicht empfehlen, wenn es irgendein esoterischer Quatsch wäre. Wissenschaftliche Studien bestätigen jedoch zuhauf die positiven Effekte von Achtsamkeitsübungen auf die körperliche und psychische Gesundheit.

Achtsamkeit wird nicht nur eingesetzt, um Stress zu bekämpfen, sondern auch kombiniert mit Techniken der kognitiven Verhaltenstherapie zur Behandlung psychischer Störungen. Eine wertvolle Fertigkeit also, die es lohnt, in den persönlichen Werkzeugkasten zu packen.

AUFGABE: Raus aus dem Kopf! Schließ die Augen und konzentriere dich auf deine Empfindungen. Was hörst und spürst du? Es ist okay und völlig normal, wenn dir ein Gedanke dazwischenfunkt. Nimm ihn ruhig wahr – »Oh, ein Gedanke!« – und komm dann zurück zu deinen Empfindungen. Fünf Minuten ohne Sorgen und Kopfzerbrechen. Nur du und der Moment.

Hilfsmittel:

» Irgendwas, auf dem du bequem sitzen oder liegen kannst: dein Bett, das Sofa, ein Kissen, ein Stuhl, der Boden – was immer du willst
» Gemütliche Kleidung
» Fünf Minuten Zeit

Ablauf:

SCHRITT 1: Setz oder leg dich hin und schließ die Augen. Atme ein, atme aus – ganz langsam.

- Wie fühlt sich das an, wenn die Luft in deine Nase, durch deinen Hals in deine Lunge strömt? Spürst du den Luftzug in der Nase? Im Rachen? Spürst du, wie sich dein Brustkorb hebt und senkt?
- Konzentrier dich auf dein Gehör. Ist es still? Hörst du Geräusche aus der Wohnung? Aus dem Garten? Von der Straße? Stimmen, Schritte, Vogelzwitschern, Bauarbeiten, Musik?
- Zurück zu deinem Körper: Was spürst du noch? Reib mal die Hände aneinander. Zuerst langsam, dann etwas schneller. Wie fühlen sie sich an? Eher rau oder weich? Eher trocken oder feucht? Werden sie warm?
- Probiere ein paar Empfindungen aus: Kratz dich am Kopf, knirsch mit den Zähnen oder kneif dich mal. Klopf dir auf die Schulter. Was spürst du, wenn du lächelst?

SCHRITT 2: Während du versuchst, dich auf deine Empfindungen zu konzentrieren, werden immer wieder Gedanken in deinem Kopf auftauchen: »Wo habe ich mein Handy hingelegt?« – »Ich will nicht in die Schule.« – »Was, wenn morgen alles von vorn losgeht?«

Das ist völlig normal.

- **NIMM DEN GEDANKEN WAHR,** aber neutral wie ein Beobachter: »Oh, ein Gedanke.«
- **BEWERTE DEN GEDANKEN NICHT,** egal, ob du ihn gut oder schlecht, fröhlich oder traurig, eklig oder Furcht einflößend findest. Erkenne ihn als das an, was er ist: ein Gedanke.
- **AKZEPTIERE, DASS DER GEDANKE DA IST.** So wie dieser eine Charakter in deiner Lieblingsserie, der total unnötig ist und nur nervt, ist der Gedanke auch da. Akzeptiert? Gut. Dann ist es an der Zeit für eine kleine gedankliche Veränderung:
- **LASS DEN GEDANKEN GEHEN:** Vielleicht hilft dir ein neuer Gedanke, der lautet: »Jetzt ist nicht die Zeit für Gedanken. Damit be-

schäftige ich mich später.« Und schon ist wieder ein Alltagsgedanke da? Mach es mit dem nächsten Gedanken ganz genauso. Wenn du zehnmal abschweifst – okay! Lass den Gedanken zehnmal gehen und kehre zu deinen Empfindungen zurück. Wenn du hundertmal abschweifst – okay! Dann kehre hundertmal zurück. So häufig, wie es eben nötig ist.

SCHRITT 3: Keine Angst, wenn es nicht sofort klappt. Das ist ganz normal. Übung macht den*die Meister*in. Wie oft du das üben sollst? Du musst dich nicht immer eigens dafür hinsetzen. Du kannst das am besten in den Alltag einbauen. Tue Dinge achtsam, die du sowieso tun würdest. Putz dir achtsam die Zähne, fahr achtsam Bus und iss achtsam einen Apfel. Eindrücke gibt es überall. Und je öfter du alltägliche Situationen achtsam gestaltest, desto leichter fällt es dir, Achtsamkeit in dein Leben zu integrieren. Wer jeden Tag übt, ist schon bald Profi.

Ziele:

» Wahrnehmen, ohne zu bewerten.
» Lernen, auch negative Empfindungen zu akzeptieren.
» Negative Gedanken wahrnehmen, akzeptieren und sich von ihnen lösen.
» Platz im Kopf schaffen, um freie Zeit wieder zur Entspannung nutzen zu können.
» Den alltäglichen Stress – in Form von Gedanken – hinter sich lassen.
» An Widerstandskraft gegenüber Hardcore-Stress (zum Beispiel Mobbing) gewinnen.

TIPPS FÜR ELTERN

EIN SICHERER ORT

Liebe Eltern, ihr seid an der Reihe! Ihr könnt mithelfen, das Zuhause eures Kindes so zu gestalten, dass es einen Ausgleich finden kann.

Das Zuhause ist ein Rückzugsort, es bietet eine Zuflucht vor den bösen Dingen der Welt und ist ein Platz, sich sicher zu fühlen. So sollte es jedenfalls sein. Insbesondere Kinder, die Opfer von Mobbing werden, brauchen ein Zuhause als Ausgleich zu dieser extremen Stresserfahrung. Der durch das Mobbing alarmierte Körper braucht einen Ort, um in den Ruhemodus zu wechseln. Er muss dort:

» **DIE LAST ABLEGEN,** die er auf den Schultern trägt,
» **ENERGIE TANKEN KÖNNEN,** die ihn die innere Abwehr kostet,
» **DIE SOZIALE BATTERIE AUFLADEN,** die sich durch die Begegnung mit den Mobber*innen entladen hat.

Das Zuhause muss Rückzugsort sein, Zuflucht und Ausgleich bieten.

Hier eine Liste, die euch hilft zu erkennen, was dazu nötig ist und was euer Kind jetzt braucht.

Stabilität ist das Stichwort – und darunter fasse ich eine konstante Bezugsperson, eine Familie ohne Streit, eine Erziehung mit klaren Regeln. Das sind entscheidende Faktoren. Doch für jedes Kind (nicht nur für Betroffene) zählt, altersgemäß mitentscheiden zu dürfen, ein Hobby zu finden, das Spaß macht, und ein Rückzugsraum mit Gestaltungsmöglichkeit.

Schon kleine Veränderungen machen einen großen Unterschied.

Danke, liebe Eltern, dass ihr versucht, euer Kind zu Hause so gut wie möglich zu unterstützen!

» Ein eigenes Zimmer mit Tür (oder einen anderen Rückzugsraum, wenn die finanzielle Situation das nicht zulässt), damit das Kind für sich sein und zur Ruhe kommen kann.
» Die Erlaubnis, dieses Zimmer oder eine Zimmerecke selbst zu gestalten (zum Beispiel die Wände zu streichen oder Möbel auszusuchen). Je wohler ein Kind sich fühlt, desto besser kann es zur Ruhe kommen und Energie tanken.
» Ein eigener Schreibtisch, um sich organisieren, Hausaufgaben erledigen und lernen zu können.
» Möglichkeiten der Mitgestaltung auch in Fragen des Familienlebens. Mitbestimmen zu dürfen, das stärkt die Selbstwirksamkeitserwartung, also das Gefühl, etwas verändern zu können.
» Eltern, die Privatsphäre akzeptieren (zum Beispiel an die Zimmertür anklopfen, bevor sie reinkommen), damit das Kind sich auf die Ungestörtheit ein- und verlassen kann.
» Kein zusätzlicher Stress zu Hause (zum Beispiel Streit, Gewalt); solltet ihr euch gerade uneins sein, dann sucht euch bitte Hilfe, damit euer ohnehin belastetes Kind nicht zusätzlich leiden muss.
» Freie Zeit – unabhängig vom Erfolg in der Schule oder bei den Hausaufgaben. Denn Freizeit ist keine Belohnung, sondern ein Grundbedürfnis eines jeden Menschen, das ihr unbedingt achten solltet.
» Wichtig ist für euer Kind, selbst entscheiden zu dürfen, wie es die Freizeit verbringt. Das Kind weiß am besten, welche Aktivitäten ihm guttun und wo und in welchem Umfeld es entspannen kann.
» Die Möglichkeit, ein Hobby auszuüben: Dies ist enorm wichtig. Auch wenn es einen finanziellen Mehraufwand (wie Ausrüstung, Fahrten, Mitgliedsgebühr) bedeutet, solltet ihr euer Kind angemessen unterstützen.

- Die Selbstverständlichkeit, dass euer Kind auch eigene Entscheidungen trifft. Passt es an das Alter eures Kindes an. Natürlich gibt es Grenzen, und damit meine ich klare Regeln, die nicht verhandelbar sind. Das ist auch gut so. Denn ein solches Regelgerüst bietet Struktur und Orientierung. Innerhalb dieser Grenzen darf euer Kind freie Entscheidungen treffen, die nicht neu zu diskutieren sind.
- Angemessene Regeln. Das ist mir wichtig: Prüft bitte von Zeit zu Zeit, ob die Regeln noch zum Alter und Entwicklungsstand des Kindes passen – und überlegt, ob ihr ausreichend beachtet, jüngere und ältere Geschwister zu ihrem Recht kommen zu lassen. Ich weiß, es ist leichter, alle gleich zu behandeln. Aber Menschen sind nicht gleich und entwickeln sich nicht gleich schnell. Wenn ihr euch unsicher seid, was ein Kind wann können darf: Sucht euch Hilfe.
- Fördern positiver Sozialkontakte: Regt zum Beispiel an, Freund*innen einzuladen, oder ermuntert euer Kind zum Besuch einer queeren Jugendgruppe.
- Strukturieren des eigenen Zeitplans: Manche Kinder arbeiten lieber abends als am Nachmittag, weil sie nach der Schule erst mal runterkommen müssen. Niemand kann sich konzentrieren, wenn er mit dem Kopf noch beim Mobbing ist.
- Ein Klima der Offenheit und des gegenseitigen Vertrauens: Euer Kind sollte das Gefühl haben, sich bei euch verwundbar zeigen zu dürfen.
- Liebe und Zuneigung – ohne Bedingungen. Dass sich euer Kind, egal mit welchen Problemen, an euch anlehnen kann, dass ihr emotional zugänglich und sensibel seid, ein offenes Ohr habt und eine Schulter zum Ausweinen. Dies sollte selbstverständlich sein, gerade in einer Zeit, in der das Kind mit sich hadert.
- Fühlt ihr selbst euch – warum auch immer – nicht dazu in der Lage, eurem Kind diese Zuneigung entgegenzubringen (... was ich bewusst nicht werten möchte), solltet ihr es darin unterstützen, eine stabile Bezugsperson für sich zu finden.

5.3 WIE DAS GEHT: RICHTIG FÜHLEN

Ich habe gelernt, zu Hause zu weinen, damit niemand meine Schwäche sehen kann. Es fällt mir noch heute schwer, mich verwundbar zu zeigen. Und es fällt mir schwer, meine eigene Verwundbarkeit zu akzeptieren. Ich habe Angst davor, mich zu verlieben und jemandem zu öffnen. Ich sabotiere alles, noch bevor es überhaupt spruchreif wird. (Nadja Z.)

Du kennst das vielleicht: Du wirst gemobbt, weißt nicht, wie du es stoppen sollst, und fängst vor lauter Verzweiflung an zu weinen. Deine Mobber*innen machen sich über dich lustig, greifen dich erst recht an. Denn dein Weinen ist ihre Bestätigung, ihre Motivation, unbeirrt weiterzumachen.

Kein Wunder also, dass viele von uns sich das Weinen genauso abgewöhnt haben, wie ihre Gefühle zu zeigen. Wir unterdrücken unsere negativen Gefühle und müssen andere Wege finden, mit ihnen umzugehen. Ich habe meine Gefühle mit Essen kompensiert. Andere haben Alkohol getrunken, Drogen genommen oder sich selbst verletzt.

Es ist offensichtlich, dass das unserer körperlichen und psychischen Gesundheit schadet. Wer so mit seinen Gefühlen umgeht, entwickelt eher psychische Störungen. Tatsächlich basieren fast alle psychischen Störungen zumindest teilweise auf dysfunktionalen Versuchen, negative Gefühle zu bewältigen.

Alkoholgenuss lindert Gefühle von Wut, Traurigkeit, Verzweiflung – und mit jedem Schluck gerät man gleichzeitig tiefer in die Sucht. Sich zu isolieren lindert die Angst vor Situationen, in denen wir uns in ein soziales Gefüge einordnen müssen – und festigt so die Angststörung. Selbstverletzung gibt uns das Gefühl, Herr über unsere Emotionen zu bleiben – und wir werden süchtig nach dieser Sicherheit. Wir werden abhängig: von Alkohol, Isolation, Schmerzen. Und das sind wiederum willkommene Einladungen an die Mobber*innen, auf uns herumzuhacken. Wir geraten in die Sucht, um mit unseren Emotionen fertigzuwerden – und weil wir uns an diesem falschen Halt festklammern, geraten wir tiefer in die Abhängigkeit.

Fallt bloß nicht auf die alten Vorurteile herein, dass »ein Indianer keinen Schmerz kennt« oder »nur Mädchen weinen«. Das ist Quatsch!

Es ist gesund, Gefühle zuzulassen und nicht zu unterdrücken. Das hat nichts mit Schwäche zu tun. Wer den Mut hat, sich auch mit negativen Gefühlen auseinanderzusetzen und sie trotz Angst vor Ablehnung zu zeigen, der ist nicht schwach, sondern stark!

Gefühle zu zeigen, ist kein Zeichen von Schwäche, sondern von Stärke.

Klar ist es ungünstig, ausgerechnet vor denen zu weinen, die dich unter Druck setzen. Und es ist okay, deine Gefühle für einen Moment zurückzuhalten – wenn du es kannst. Wichtig ist aber, dass du sie irgendwann bearbeitest. Vielleicht, wenn du zu Hause bist, eine liebevolle Person um dich hast oder zumindest die Ruhe deines Zimmers. Dann kannst du deine Emotionen zulassen und über sie sprechen.

Ist der erste Schock vorbei, gemobbt zu werden – oder hast du begonnen, eine Mobbing-Situation aufzuarbeiten, wird es Zeit, dass du dich mit deinen Gefühlen beschäftigst.

- Was fühle ich?
- Woher kommt das Gefühl?
- Will ich es verändern?
- Kann ich es akzeptieren?

Aber keine Angst, auch das kann man lernen: richtig mit schwierigen Gefühlen umzugehen. Das ist eine Fertigkeit wie Fahrrad zu fahren oder sich die Schuhe zu binden (zugegeben: nicht eine meiner Stärken). Hier begleite ich dich dabei. Ich zeige dir Schritt für Schritt, wie das geht:

RICHTIG FÜHLEN:

das Gefühl wahrnehmen

↓

dem Gefühl einen Namen geben

↓

das Gefühl verstehen

↙ ↘

verändern **akzeptieren**

SCHRITT 1: ACHTSAM WAHRNEHMEN

Als Erstes musst du erkunden, was du überhaupt fühlst. Nimm dir die Zeit, in dich hineinzuhorchen und achtsam wahrzunehmen, was da ist.

- Kann ich beschreiben, was ich gerade fühle?
- Ist es nur ein Gefühl oder sind es mehrere?

- Sind sie negativ oder positiv?
- Sind sie alle gleich stark oder ist eines besonders intensiv?

Das fällt uns oft ndcht leicht, weil uns so vielesdablenkt. Wir werden immer wieder von alltäglichen Gedanken unterbrochen: »Du musst ja noch die Mathe-Hausaufgaben machen. Nachher hast du noch Handball. Ob ich mich heute irgendwie komisch verhalten habe?«

Achtsamkeit hilft dir, störende Gedanken beiseitezulassen und dich auf deine Gefühle zu konzentrieren.

SCHRITT 2: EINEN NAMEN GEBEN

Das Wahrgenommene ist oft ein diffuses Abbild deines Gefühlszustandes. Wir alle haben uns schon mal gefragt:

- Was ist das für ein Gefühl?
- Warum fühle ich mich schlecht?

Es ist wichtig, den großen negativen Gefühlsknoten »Unwohlsein« zu entwirren, die einzelnen Teilgefühle zu identifizieren und zu benennen. Mach dir selbst möglichst treffende Vorschläge: Angst, Wut, Einsamkeit, Verzweiflung, Hilflosigkeit, Unsicherheit. Was geht in dir vor? Du darfst ruhig jeden Gefühlsschuh mal anprobieren: Welcher passt am besten?

Warum das wichtig ist? Weil es Ordnung in den Kopf bringt, wenn man die Gefühle benennen kann, denn dann kann man die konkreten Gefühle einzeln anschauen und sehen, warum sie sich wie ausgeprägt bei uns eingenistet haben. Und vielleicht gelingt es sogar, auch die kleinen Gefühle, also die nicht so starken Emotionen, besser herauszuarbeiten. Dann lastet nicht mehr ein Gefühlswirrwarr auf uns, sondern nur eine genau bemessene Zahl an Gefühlen – und das ist schon viel besser. Im Anschluss an dieses Kapitel machen wir eine Übung dazu!

SCHRITT 3: VERSTEHEN

Warum auch die kleinen Gefühle wichtig sind? Jedes Gefühl erfüllt einen Zweck. Es will uns auf ein Bedürfnis aufmerksam machen. Es verrät uns auch, was wir brauchen, damit es uns gut geht. Das Hungergefühl sagt uns, dass wir essen sollen. Das Kältegefühl, dass wir uns wärmen müssen. Leider sind längst nicht alle Gefühle so leicht zu interpretieren und nicht alle Bedürfnisse so leicht zu stillen. Die Angst sagt uns, dass wir Sicherheit brauchen. Aber wovor genau? Und wie erreichen wir diese? Oft hilft es, sich ein paar Fragen zu stellen, um das Gefühl genauer kennenzulernen:

- Wo kommt das Gefühl her?
- Welche Ursache hat es?
- In welcher Situation ist es entstanden?
- Was ist vorher passiert?
- Was hättest du dir stattdessen gewünscht?
- Welchen Zweck hat das Gefühl?
- Kann ich das Bedürfnis erfüllen, auf das das Gefühl mich aufmerksam machen will?
- Und wenn ja, wie? Was brauche ich dafür?

Hier ein Beispiel: Ich bin wütend, weil Kevin mir in der Pause meine Sporttasche abgenommen hat. Ich wollte, dass er sie mir sofort zurückgibt, aber das hat er erst, als ich schon vor Wut und Frustration geweint habe. Die Wut hat den Zweck, mir zu sagen, dass ich ungerecht behandelt wurde. Mein Bedürfnis ist Gerechtigkeit. Ich will meine Sporttasche zurück und am besten noch eine ehrliche Entschuldigung.

Oft hilft es schon, ein Gefühl zu verstehen, um besser damit klarzukommen. Leider verschwinden Gefühle häufig nicht sofort, wenn sie ihren Zweck erfüllt haben. Ich habe meine Sporttasche bekommen (die Entschuldigung leider nicht), doch die Wut ist noch da. Wenn ich dann vor Zorn innerlich rase, weiß ich wenigstens, warum ich dieses Gefühl mit mir rumschleppe und vielleicht viel ungeduldiger bin als sonst.

Andere Gefühle haben einen Zweck, den man gar nicht so leicht erfüllen kann. Hinter meiner Angst vor der Schule steckt der Wunsch nach körperlicher Unversehrtheit. Doch die kann ich mir selbst nicht garantieren, solange ich gemobbt werde.

Manche Gefühle bleiben länger, als sie sollten, oder auch so lange, bis das Bedürfnis dahinter erfüllt wurde. Doch wie gehen wir in der Zwischenzeit mit ihnen um? Wir haben zwei Möglichkeiten:

Wir können versuchen, solche Gefühle zu verändern, oder wir lernen, sie zu akzeptieren.

Warum es so wichtig ist, das eine oder andere zu tun? Unser Körper möchte gerne, dass die Emotionen, die ausgelöst werden, auch verarbeitet werden, sie sollen angenommen werden, nicht in uns toben oder uns zum Rasen bringen. Jedes Gefühl hat eine Botschaft: Du brauchst Ruhe, Sicherheit, Zuwendung. Doch oft bleibt das Gefühl auch dann bestehen, wenn wir die Botschaft bereits verstanden haben. Das ist toll, wenn es sich um ein schönes Gefühl handelt (zum Beispiel Verliebtsein), doch sehr belastend, wenn es um negative Gefühle geht (zum Beispiel Angst).

SCHRITT 4: VERÄNDERN

Hast du die unerwünschten Gefühle analysiert, kannst du versuchen, sie loszuwerden (oder zumindest zu reduzieren).

Dafür musst du zuerst wissen, wie du dich überhaupt stattdessen fühlen willst. Wenn du ängstlich bist, willst du dich vielleicht sicher fühlen. Wenn du traurig bist, steckt der Wunsch nach Geborgenheit vielleicht in dir.

Achte darauf, dass dein Wunschgefühl realistisch ist.

Angst, die du aufgrund von Mobbing hast, wirst du wohl nicht komplett ablegen können, solange das Mobbing weiterhin stattfindet. Du wirst sie mit einer der folgenden Strategien aber vielleicht reduzieren können.

Überlege, wie du das Gefühl verändern könntest. Kannst du das Bedürfnis befriedigen, auf das das Gefühl dich hinweist? Wenn du Angst hast, kannst du vielleicht etwas tun, um dich sicherer zu fühlen. Die feste Umarmung eines lieben Menschen könnte da helfen. Oder ein Handy bei dir zu tragen, um im Notfall jemanden anrufen zu können. Es könnte deinem Gefühl schon helfen, einen übergroßen Hoodie anzuziehen, in dem du dich verstecken kannst.

Im Kontext von Mobbing lassen sich Bedürfnisse häufig nur unzureichend befriedigen. Denn das Mobbing dauert ja an, verletzt Tag für Tag den Wunsch nach Gerechtigkeit, Sicherheit, Ruhe, Freundschaft und so vielem mehr. Kann das Bedürfnis nicht befriedigt werden, kann man auch das Gefühl direkt bearbeiten. Bitte benutze dafür nicht die dysfunktionalen Strategien, die wir bereits besprochen haben (zum Beispiel Selbstverletzung, Drogenkonsum, Essen).

Ich habe dir eine ganze Reihe funktionaler Coping-Strategien zusammengestellt, die nicht nur kurzfristig, sondern auf lange Sicht helfen, mit belastenden Gefühlen umzugehen. Dann nimmst du auch langfristig keinen Schaden. Nicht jede Technik funktioniert zu jeder Zeit an jedem Ort für jeden Menschen. Probier sie aus und schau, welche am besten zu dir und dem relevanten Gefühl passt!

DIE COPING-STRATEGIEN

DICH ABLENKEN

Beschäftige dich nicht weiter mit dem Gefühl! Du hast ihm Raum gegeben, seine Botschaft verstanden. Momentan kannst du nichts oder nur wenig daran ändern.

Das ist kein Grund, in dem Gefühl zu baden. Lenke deine Aufmerksamkeit jetzt weg von ihm und hin zu einer positiven, angenehmen Aktivität, die dir Spaß macht und guttut. Negative Gefühle verstärken sich, je mehr man sich mit ihnen beschäftigt. Dir selbst etwas Gutes zu tun, löst hingegen positive Gefühle in dir aus. Und das hast du dir jetzt verdient.

Ablenkung ist ein guter Weg, auch intensive Gefühle einfach mal aus dem Kopf zu bekommen. Das lindert den emotionalen Stress. Sogar direkt im Gehirn geht dann automatisch die – vielleicht durch den Stress überaktive – Hirntätigkeit in gefühlssensiblen Arealen zurück.

Das negativ bewertete Gefühl wird ab und zu in deinem Kopf auftauchen. Du kannst dir dann einfach sagen: Mit diesem Gefühl habe ich mich bereits ausreichend beschäftigt. Und mit deiner Aufmerksamkeit zu der positiven Aktivität zurückkehren, der du gerade nachgehst. Eine Achtsamkeitsübung hilft dir dabei. Und wie bei allen Strategien gilt: Übungssache!

Ablenken heißt nicht unterdrücken! Du hast dich bereits mit dem Gefühl beschäftigt und es anerkannt – also gönn dir etwas Neues, etwas Gutes.

DIE SITUATION NEU INTERPRETIEREN

Je nachdem, wie du eine Situation bewertest, kann daraus ein anderes Gefühl entstehen. Man spricht auch von Reframing. Das heißt wörtlich übersetzt so viel wie »dem Bild einen neuen Rahmen verpassen« oder »die Situation neu interpretieren«. Denn ein Bild wirkt ganz anders, wenn es neu eingerahmt wird, und eine Situation erhält eine neue Bedeutung, wenn sie anders interpretiert wird.

Zum Beispiel nehmen viele Menschen peinliche Situationen mit Humor. Wenn ich mich aus Versehen vor meinen Freund*innen zum Deppen mache, funktioniert das super: Wenigstens hatten die anderen was zu lachen! Die eigene Aufmerksamkeit richtet sich auf die positive Interpretation anstatt auf die negative Ausgangssituation. Das beschwichtigt negative Gefühle und schafft positive.

Lachen tut gut. Und wer über sich selbst lachen kann, hat für einen Moment eine wohltuende innere Distanz entwickelt. Der kann Unliebsames abperlen lassen.

Andere konzentrieren sich darauf, auch in schwierigen Situationen eine Chance zu sehen (zum Beispiel daraus lernen oder daran wachsen zu können). Versuche doch mal, in Gedanken einen Schritt zurückzutreten und die Situation aus der Sicht eines unbeteiligten Beobachters zu bewerten. Du könntest dir vorstellen, dass du deine*n Freund*in in dieser Situation beobachtest. Was würdest du ihm*ihr raten? Aus der Perspektive fällt dir vielleicht auf, ob du etwas hättest tun können, um die Situation zu entschärfen oder ihr zu entkommen. Falls du noch mal in die gleiche Situation kommst, kannst du diese Erkenntnis für dich nutzen. Und selbst, wenn nicht: Allein der Versuch, der negativen Situation eine Lehre abzugewinnen, zählt. Du verwandelst sie, auf einmal ist sie für dich nützlich. Das hilft dir, belastende Situationen besser zu verarbeiten.

Das Reframing als Coping-Strategie ist eher für wenig intensive negative Emotionen geeignet. Bei Mobbing handelt es sich eben nicht um ein Stolpern, Hinfallen oder um einen Ausrutscher, sondern um langfristige, absichtliche Schädigungen, die sich nur schwer mit Humor nehmen oder positiv interpretieren lassen. Ich versuche es trotzdem mal: Das Mobbing, das ich erlebt habe, hat mich zu dem Menschen gemacht, der ich heute bin. Ich bin geduldig, empathisch und einfühlsam. Ich habe in dieser Zeit gelernt, auch mit schwierigen Gefühlen umzugehen.

Für mich persönlich fühlt sich diese Interpretation nicht ganz richtig an. Denn das Mobbing hat auch viel in mir kaputtgemacht. Doch wenn es dir hilft, deine Mobbing-Erfahrungen positiv zu interpretieren, ist das großartig! Ich finde, es steht uns auch gar nicht zu, zu bewerten, wie andere mit belastenden Gefühlen umgehen. Jede Person findet da ihren eigenen Weg, der für sie und nur für sie funktionieren muss.

DIE RICHTIGE REAKTION

Starke negative Emotionen wirken sich oft auch körperlich auf uns aus. Wir fühlen uns ausgelaugt, stehen ständig unter Strom, fühlen uns unter Druck oder überwältigt. Das ist okay, mit diesen Gefühlen kann man umgehen. Hier sind Wege, negativen Effekten aktiv entgegenzuwirken.

» **SCHLAFEN:** Mein Opa hat immer gesagt: »Am nächsten Tag sieht die Welt schon wieder ganz anders aus.« Und er hatte recht. Wer erschöpft, ausgelaugt oder kraftlos ist, braucht häufig einfach eine Mütze voll Schlaf. Oft legen sich negative Gefühle dann von ganz allein. Vor allem der REM-Schlaf (für *rapid eye movement*; das ist die Schlafphase, in der du träumst) spielt dabei eine zentrale Rolle. Während dieser Phase verarbeitet unser Kopf emotionale Situationen. Die Aktivität gefühlssensibler Gehirnstrukturen sinkt über Nacht ab. Das, was uns am Vortag noch belastet hat, nehmen wir jetzt deutlich gelassener. Umgekehrt führt Schlafmangel dazu, dass wir emotionaler sind, häufiger negative Gefühle und Gedanken haben und Stress uns mehr belastet. Problematisch wird es, wenn deine Gefühle und Gedanken so intensiv sind, dass du gar nicht einschlafen kannst. Eine Achtsamkeitsübung kann dann helfen, die Gedanken loszulassen, die dich am Einschlafen hindern. Du könntest dich auch mit einem Hörspiel oder Video ablenken. Am besten suchst du etwas, das du schon mal gesehen hast (damit es nicht zu spannend ist), und ohne Bild oder mit reduzierter Bildschirmhelligkeit (kaltes Licht ist ein absoluter Schlafkiller). Viele Menschen machen sich beim Einschlafen zusätzlichen Stress, weil sie ständig auf die Uhr schauen und denken: »Du musst jetzt einschlafen, sonst bist du morgen müde.« Auch mir geht's oft so. Ich lege mein Handy dann außer Reichweite, damit ich nicht mehr dauernd auf die Uhr schauen kann. Außerdem hilft mir folgender Gedanke: »Auch das Liegen und Entspannen im Bett (ohne Schlaf) ist erholsam für den Körper.« Das nimmt den Druck weg. Dann kommt der Schlaf meist von allein.

» **KÖRPERLICHE AKTIVITÄT.** Ich hatte nicht damit gerechnet, weil ich schon immer ein Sportmuffel war, aber Laufen ist zu einem Ventil für mich geworden. Wenn ich zu meiner Lieblingsmusik durch die Stadt rennen kann, bis ich völlig erschöpft bin, vergesse ich alles andere. Dann habe ich gar keine Puste mehr dazu, mich mit negativen Gedanken und Gefühlen zu befassen. Und das Beste: Mein Kopf hat Pause. Dass Sport Stressgefühle bekämpft, hat auch physiologische Gründe: Körperliche Bewegung bringt den Stoffwechsel in Fahrt, der Stresshormonpegel sinkt und stimmungsaufhellende Botenstoffe (Endorphine, Serotonin, Dopamin) werden freigesetzt. Das baut Stress und Druck ab. Man fühlt sich gleich viel ausgeglichener.

Wichtig ist, dass der Sport dir Spaß macht, sich gut anfühlt, dich nicht überfordert. Du kannst dich durch alle Arten von Sport und Bewegung probieren. Du bist unsportlich? Auch ein Spaziergang tut gut. Du magst keinen Ausdauersport? Dann gern auch Krafttraining. Nicht jeder Sport passt zu jedem Menschen, und das ist okay. Je zufriedener du damit bist, desto mehr Lust hast du dazu. Das ist wertvoll! Denn Sport und Bewegung helfen besonders gut gegen Stress, wenn du sie regelmäßig ausübst. Übrigens tut es auch gut, wenn man mal den inneren Schweinehund überstimmt.

» **WEINEN.** Ob »Heulsuse!«, »Mann oder Maus?« oder »Heul nicht!« – diese Art Sprüche kennen wir alle. Von klein auf hören wir ständig, dass Weinen etwas Schlechtes sei. Können wir damit endlich aufhören? Weinen ist eine der ältesten, effektivsten und einfachsten Methoden, gesund mit den eigenen Gefühlen umzugehen. Wir weinen, weil wir es brauchen, weil wir von unseren Gefühlen überwältigt sind oder uns nicht anders zu helfen wissen. Einerseits beruhigt Weinen, indem es das periphere Nervensystem anregt: Die Atmung wird langsamer, die Herzfrequenz nimmt ab, der Körper gelangt in den Ruhemodus. Die wichtigere Funktion des Weinens ist jedoch seine Signalwirkung. Weinen zeigt den Menschen um dich herum: »Ich brauche Hilfe!« Und im besten Fall bekommst du diese auch: Du wirst gefragt, was in dir vorgeht, darfst dich öffnen, über deine Gefühle sprechen und Rat einholen. Du wirst emotional aufgefangen, in den Arm genommen und getröstet, bis es dir besser geht. Das tut gut! Das trifft übrigens unabhängig vom Alter zu: Auch Erwachsene dürfen weinen.

Wer weint, setzt sich intensiv mit seinen Gefühlen auseinander. Mutig und heilsam ist das – und garantiert nichts, für das man sich schämen muss.
Wir sollten alle mehr weinen! (Also nur, wenn wir müssen.)

SCHRITT 4B: AKZEPTIEREN

Doch vielleicht klappt nichts davon und du fühlst dich nicht besser? Vielleicht ist das Gefühl, das dich quält, jetzt gerade nicht veränderbar. Das ist okay. Das kommt vor.

Wir alle kennen Gefühle, die wir hinnehmen und mit denen wir zu leben lernen müssen, da sie auf Problemen basieren, die nicht oder nur schwer veränderbar sind. Trauer ist so ein Gefühl. Wenn jemand stirbt, der uns nahestand, sind wir häufig völlig aufgelöst. Wir können an der Ursache, dem Auslöser der Gefühle, nichts ändern, denn wir können die verstorbene Person nicht zurückbringen. Die Trauer bleibt, vergeht nur sehr langsam und lässt sich kaum beeinflussen. Da bringt es auch nichts, sich Druck zu machen. Das verstärkt das unerwünschte Gefühl oft nur.

Aber heißt das nicht, dass ich aufgebe? Nein. Es heißt nur, dass du verstanden hast, dass das Gefühl existiert und dich für eine Weile begleiten wird. Du tolerierst es – du unterstützt es nicht.

Ein Gefühl zu akzeptieren, heißt nicht, dass man es oder seine Ursachen gutheißt. Und sich von einem Gefühl begleiten zu lassen, bedeutet nicht, dass man sich davon leiten lassen muss.

Du musst keine Angst vor Gefühlen haben. Sie sind Freunde, die dir wichtige Infos über dich geben. Das gilt auch für negative Gefühle. Sie sollen aufzeigen, dass etwas fehlt oder verändert werden muss. Sie sind ein Signal an dich. Und wie jedes Signal vergehen sie irgendwann wieder.

Ein Wecker, der immer klingelt, sagt dir nicht mehr, wann du aufstehen musst. Eine Ampel, die immer grün ist, zeigt dir nicht mehr, wann du losfahren darfst.

Ein Signal, das immer angeschaltet ist, verliert seine Wirkung.

Irgendwann geht also jedes Gefühl vorbei, egal, wie schlimm es sich anfühlt. Manchmal muss man einfach warten und es aushalten. Wer sich selbst unterstützt, indem er empathisch mit sich umgeht und sich liebevoll zuspricht, schafft das besonders gut. Es ist zwar nicht leicht, Gefühle zu akzeptieren, doch es gibt Übungen, die dir dabei helfen können. (Probiere diese Übung aus: Tagebuch)

» Opfer von Mobbing lernen oft, ihre Gefühle zu unterdrücken.
» Sie finden andere, dysfunktionale Wege, sie zu kompensieren: zum Beispiel Essen, Alkoholkonsum, Selbstverletzung.
» Es ist stark, Gefühle zuzulassen!
» Richtig mit seinen Gefühlen umzugehen – das kann man lernen.
» Dazu gehört, Emotionen achtsam wahrzunehmen, sie zu benennen und zu verstehen, woher sie kommen und welche Bedürfnisse hinter ihnen stecken.
» Manche Gefühle bleiben länger, als sie sollten oder uns lieb ist.
» Einige davon kannst du aktiv verändern.
» Mit anderen musst du zu leben lernen.
» Auch negative Gefühle sind Freunde. Sie sind Signale an dich und können dir helfen.
» Jedes Gefühl vergeht irgendwann, egal, wie schlimm es sich anfühlt.

ÜBUNG: INVENTUR

Genug der Theorie: Ich zeige jetzt schrittweise, wie das praktisch geht, wenn man Inventur macht.

AUFGABE: Wir machen Inventur! Das ist ein anderes Wort für »Bestandsaufnahme« und bedeutet: Ein*e Händler*in zählt seine*ihre Artikel durch, sortiert, zieht Bilanz und stellt sich dazu folgende Fragen:

» Welche Artikel sind wie oft vorrätig?
» In welchem Zustand befinden sie sich?
» Was muss nachbestellt werden?

Nun gucken wir uns die Gefühle an:

» Was fühlst du gerade?
» Wie geht's dir damit?
» Welche Bedürfnisse hast du?

Das heißt konkret: Du hörst in dich rein, nimmst deine Gefühle wahr, gibst ihnen einen Namen und versuchst zu verstehen, woher die Emotionen kommen.

Hilfsmittel:

» Zettel und Stift für Notizen
» Eine halbe Stunde Zeit
» Achtsamkeit

Ablauf:

SCHRITT 1: Schließ die Augen und hör achtsam in dich hinein. Versuche, die Umgebung auszublenden, und richte deine Aufmerksamkeit auf deine Gefühle.

» Welche Gefühle nimmst du wahr?
» Wie fühlen sie sich an?
» Kannst du sie benennen?

Schreib sie auf, Gefühl für Gefühl.

Falls du eines nicht benennen kannst, beschreibe es so genau wie möglich. Sind es mehrere Gefühle? Sind alle Gefühle gleich stark oder ist eins vorherrschend? Es könnte ein starkes Gefühl oder viele kleine Emotionen sein.

Lösen die Gefühle körperliche Empfindungen in dir aus? Zitterst du? Ist dir zum Weinen zumute? Verändert sich deine Atmung?

Bezieh auch deine Gedanken mit ein. Vielleicht verraten sie dir etwas über deine Gefühle. Der Gedanke »Ich will morgen nicht in die Schule!« könnte dir verraten, dass du Angst hast. Der Gedanke »Das zahle ich ihm heim!« könnte dir verraten, dass du wütend bist. Du kannst den Gedanken neben das Gefühl schreiben, wenn du willst. Falls dir ein Gedanke kommt, der nichts mit deinen Gefühlen zu tun hast, nimm ihn wahr und lass ihn wieder gehen: »Dieser Gedanke ist gerade nicht wichtig.

Erinnere dich an die erste Achtsamkeitsübung. Auch jetzt versuchst du wieder, deine Gefühle und Gedanken möglichst objektiv zu betrachten. Versuche, sie wahrzunehmen und zu beschreiben, ohne sie zu bewerten. Du machst hier nur Inventur. Es ist da, was da ist. Auch belastende Gefühle existieren. Wer sich über sie ärgert, verstärkt sie nur unbewusst.

SCHRITT 2: Sieh dir die Liste der Gefühle an, die du notiert hast. All das spukt gerade in deinem Kopf umher. Ganz schön viel ist da los! Frage dich bitte für jedes Gefühl und schreib auch hier bitte die Antworten auf. Das ist wichtig, um die betreffende Emotion später loszuwerden – oder sie zu akzeptieren.

- Wo könnte es herkommen?
- Aus welcher Situation heraus ist es entstanden?
- Wer hat es verursacht?
- Was wollte ich in dem Moment?

- Was ist tatsächlich passiert?
- Welches meiner Bedürfnisse wurde verletzt

SCHRITT 3: Bitte stelle dir einmal folgende Fragen: Welche der Gefühle sind in Ordnung? Welche belasten dich?

- Kannst du sie abschwächen, indem du die Bedürfnisse erfüllst, auf die sie dich hinweisen?
- Was bräuchtest du dazu?
- Kannst du sie mithilfe einer Coping-Strategie verändern? Oder musst du akzeptieren, dass sie dich für eine Weile begleiten werden?

Ziele:

- Du kannst: einen Überblick über deine aktuellen Gefühle und ihre Stärke bekommen.
- Du kannst: eine achtsame Haltung gegenüber deinen Gefühlen entwickeln, um negative Emotionen möglichst früh wahrzunehmen.
- Du kannst: die eigenen Gefühle objektiver betrachten.
- Du kannst: Klarheit, Ordnung und Ruhe im Kopf schaffen.
- Du kannst: eine gute Basis für die Veränderung oder Akzeptanz negativer Gefühle schaffen.
- Du kannst: deine Emotionsregulationskompetenz verstärken und so deine Widerstandskraft gegenüber Mobbing stärken.

Viele Menschen erleben Mobbing als traumatisches Ereignis. Laut der ICD, also der International Statistical Classification of Diseases and Related Health Problems, der offiziellen Diagnosekriterien für die Einordnung als psychische Erkrankung, stellt ein Trauma ein »belastendes Ereignis [...] kürzerer oder längerer Dauer mit außergewöhnlicher Bedrohung« dar, das »bei fast jedem eine tiefe Verzweiflung hervorrufen würde«. Es handelt sich um eine »außergewöhnliche physische oder psychische Belastung«. Sehr treffend, diese Beschreibung, oder? Treffen viele der Kriterien hier auch auf dich zu? Dann findest du hier eine passende Übung, um mit dem traumatischen Erlebnis fertigzuwerden.

Denn solche Traumata werden häufig mit narrativer (das heißt erzählender) Therapie behandelt. Unter anderem kann es einen heilsamen Prozess auslösen, belastende Ereignisse aufzuschreiben. Auch ich habe diese Erfahrung bereits gemacht, als ich die Geschichte über meinen alkoholkranken, obdachlosen Vater aufgeschrieben habe. In meinem Buch habe ich über alles gesprochen: meine Mobbing-Erfahrungen, den Autounfall meines Vaters, an dem er fast gestorben wäre, meine weinende, kraftlose und überforderte Mutter, den Tod meines geliebten Opas – alle schlimmen Ereignisse, die mich seit meiner Kindheit begleiten. Und am Anfang war das schrecklich. Zu Beginn hat das einen wahren Sturm in meinem Kopf entfesselt, und er hat gewütet, wann immer ich geschrieben habe. Ich habe geweint und noch mehr geweint, je tiefer ich in die Erinnerungen von damals eingedrungen bin.

Aber am Ende, als der Sturm in meinem Kopf sich gelegt hatte, konnte sich all das, was er aufgewirbelt hatte, geordnet wieder setzen. Und was so lange als großer undurchsichtiger Knoten in meinem Kopf war, blieb aufgeräumt und zugänglich zurück. Ich habe durch die folgende Übung regelrecht Ordnung in meine Emotionen gebracht. Und dadurch bin ich Herr über sie geworden. Versuch es doch auch einmal!

ÜBUNG: TAGEBUCH

AUFGABE: Stell dir deine Mobbing-Erfahrungen als großen Knoten in deinem Kopf vor. Du nimmst dir nun Schnur für Schnur vor und trennst den Knoten Stück für Stück auf, indem du die einzelnen Situationen und Vorfälle dem Papier anvertraust.

Die Emotionen, die dabei aufkommen, sind okay! Nimm sie als das wahr, was sie sind: als Teil deiner Geschichte. Akzeptiere, dass sie zu deinen Erfahrungen gehören und dich zum Teil noch immer begleiten.

Hilfsmittel:

- Ein Stift.
- Ein Tagebuch. Du kannst auch einen Block oder Zettel verwenden. Das Tagebuch hat den Vorteil, dass du es abschließen und sichergehen kannst, dass niemand sieht, was du aufgeschrieben hast.
- Nimm dir Ruhe.
- Zieh dich zurück an einen Ort, an dem du dich sicher fühlst. Einen Ort, an dem du dich traust, über deine Erlebnisse nachzudenken, sie einzufangen und auf Papier zu bannen.
- Leg eine Pause ein, wann immer du sie brauchst.
- Vielleicht ist eine liebe Person in der Nähe, die für dich da ist und dich tröstet, wenn du es brauchst.
- Mach vorher eine Achtsamkeitsübung, denn das hilft dir, eine achtsame Haltung für den Schreibprozess zu finden.

Ablauf:

SCHRITT 1: Wähle aus, über welche belastende Situation du zuerst etwas aufschreiben willst.

SCHRITT 2: Schreib einfach drauflos! Achte nicht auf Satzbau oder Rechtschreibung, Kommasetzung oder Schönschrift. Das ist in diesem Moment total egal.

SCHRITT 3: Notiere für dich:

- Was ist passiert?
- Wer hat dich wie verletzt?

Du musst nicht sachlich bleiben. Du kannst und solltest aufschreiben, wie du dich in dieser Situation gefühlt hast, und da es hier um deine Emotionen geht, notiere bitte auch, was du gedacht hast und was du dir gewünscht hast. Alles, was zu dieser Situation gehörte, solltest du aufs Papier bringen: Dann ist es raus aus deinem Kopf. Sei ruhig wütend auf die Situation, die Umstände, die beteiligten Personen. Das ist okay! Aber sei nicht wütend auf dich selbst und auch nicht auf das Gefühl, das du dabei hattest.

Das Gefühl ist ein Signal, es ist nicht mehr als eine Botschaft.

Erinnere dich an deine achtsame Haltung. Begegne den Gefühlen, die beim Schreiben aufkommen, wertfrei. Sich zu ärgern – das ist wie ein Brandbeschleuniger für Gefühle und verstärkt sie nur. Sie zu akzeptieren, stellt sie hingegen ruhig. Deine innere Haltung sollte von dieser Akzeptanz geprägt sein: Akzeptiere deine eigenen Emotionen.

SCHRITT 4: Was machst du mit dem Ergebnis? Du kannst das Papier oder auch das Tagebuch wegräumen. Verstau es in einer Schachtel oder vielleicht in einer Schublade. Dann ist die Situation nicht weg, als wäre sie nie passiert, sondern du lässt sie hinter dir. Du machst das Unrecht, das dir widerfahren ist, nicht ungeschehen. Du schließt nur damit ab. Du kannst deine Geschichte zuklappen, wie ein Buch, und wegräumen.

Manchmal hilft es, wenn nahestehende Personen sich den Text durchlesen, damit sie von der Ungerechtigkeit erfahren. Denn manchen von uns hilft es dabei, den eigenen Schmerz zu verringern, dadurch, dass sie ihn teilen – und dadurch, dass sie ihn mitteilen.Wieder andere verbrennen ihre Notizen, um sich endgültig davon »zu lösen«. Willst auch du die ganze Geschichte in Rauch aufgehen lassen?

Wie auch immer du mit deinen Notizen umgehst, liegt ganz bei dir. Wichtig ist nur, dass du sie nicht weiter als großen Knoten in deinem Kopf mit dir herumträgst.

Wiederhole die Übung, wann immer du wütend oder traurig bist, weil du gemobbt wurdest. Mach es dir zur Gewohnheit, belastende Gefühle in deinem Tagebuch festzuhalten. Falls du mal nicht so viel Zeit hast, reicht schon ein kurzer Eintrag.

Ziele:

- » Du räumst deinen Kopf auf.
- » Du begegnest auch belastenden Gefühlen wertfrei.
- » Du lernst, auch belastende Gefühle als Teil deiner Geschichte zu akzeptieren.
- » Du schließt mit deiner Vergangenheit ab, ohne sie ungeschehen zu machen.
- » Dies ist eine Möglichkeit, den Umgang mit schwierigen Gefühlen zu lernen.
- » Und wer schwierige Gefühle akzeptiert, verstärkt die eigene Resilienz gegenüber Mobbing.

5.4 SELFCARE

Sich mit den eigenen Gefühlen zu beschäftigen, sie anzunehmen und zu verarbeiten, ist gesund, aber oft anstrengend. Um dich aufzumuntern, zu entspannen oder dir eine Pause zu gönnen, hilft Selfcare. Wörtlich übersetzt bedeutet das: sich um sich selbst kümmern. Was logisch klingt, wird von vielen Menschen sträflich vernachlässigt. Vor allem von denen unter uns, die ein geringes Selbstwertgefühl haben. Gedanken wie »Ich habe es nicht verdient, Gutes zu erfahren, weil ich nichts hinbekomme« oder »Mir darf es nicht gut gehen, weil ich nicht wertvoll bin« stehen dann auf der Tagesordnung. Deshalb ist es wichtig, dass du dich bewusst für Selfcare entscheidest, denn du bist wichtig.

Ich gehe noch einen Schritt weiter: Du bist die wichtigste Person in deinem Leben! Wenn dein Leben eine Serie wäre, wärst du die Hauptperson. Verstehst du jetzt, wie wichtig du bist?

Vielleicht fragst du dich gerade: Aber mich um mich selbst kümmern, wie geht das? Auch ich habe das erst üben müssen. Doch indem du deine Aufmerksamkeit auf dich und deine Bedürfnisse richtest, hast du den ersten großen Schritt hin zu mehr Selfcare und damit zu mehr Selbstwertgefühl getan. Indem du dir zugestehst, was du brauchst. Indem du Mitgefühl für dich empfindest und dir verzeihst.

Warum es so wichtig ist, sich um sich selbst zu kümmern? Unsere Vergangenheit, alles, was wir erleben, beeinflusst unser Selbstwertgefühl. Vielleicht haben deine Mitschüler*innen da auch ganz schön Schaden angerichtet. Das heißt aber nicht, dass du nichts daran ändern kannst. Positiv über sich selbst zu denken, das kann man trainieren! Zum Beispiel, indem man sich selbst gut behandelt.

Selfcare bedeutet etwas anderes für jede*n von uns. Es kann alles sein, was dir guttut. Und lass dir bloß nicht von anderen sagen, was dir hilft und was nicht, also was eine »sinnvolle« Beschäftigung und was Zeitverschwendung ist. Wenn es dir guttut, ist es sinnvoll. Was dir guttut, ist niemals Zeitverschwendung!

Häufig sind es Dinge, die man sich im Alltag verbietet, weil sie nicht »produktiv« genug sind. Aber weißt du, was wirklich produktiv ist? Mit sich selbst im Reinen zu sein und gute Laune zu haben. Ein freier Kopf macht produktiv. Und ein Kopf, der zu viel grübelt, kann nicht arbeiten. Also gönn dir eine Pause, wenn du sie brauchst.

Übrigens: Selfcare ist nicht egoistisch. Wenn du für andere da sein willst, muss es dir auch selbst gut gehen.

Es ist wie bei Druckverlust im Flugzeug: »Ziehen Sie zuerst Ihre eigene Sauerstoffmaske auf, dann helfen Sie den anderen, die Schwierigkeiten damit haben.« Also hilf dir ruhig selbst dabei, dir zuzulächeln. Hier ein paar Ideen. Wenn du magst, versteh sie als Anregung.

ÜBUNGEN IN SELFCARE

» **DEINE/N LIEBLINGSSERIE/-FILM SCHAUEN.** Was ist deine Comfort-Serie? Sie lenkt dich ab und löst positive Gefühle in dir aus. Das vertraute Setting, die Charaktere, die du schon lieb gewonnen hast, die altbekannte Story. Das Gleiche gilt für Hörspiele, Bücher, YouTuber, Twitch-Streamer und Videospiele.

» **ETWAS LECKERES KOCHEN.** Ablenkung verbunden mit Genuss. Einigen macht es Spaß und erfüllt es mit Stolz, alles selbst zu machen: einkaufen, kochen, anrichten. Anderen ist es lieber, sich ganz entspannt etwas liefern zu lassen.

» **EIN BAD NEHMEN** (mit Badezusätzen und Kerzen). Das entspannt nicht nur den Körper, das geht auch auf die Sinne: Das heiße Wasser, das warme Kerzenlicht, die wohlriechenden Salze, Öle und Duftstoffe.

» **MUSIK HÖREN.** Das ist meine Methode. Musik hören, die mich bewegt, deren Texte mir das Gefühl geben: Da versteht mich jemand. Am besten laut und auch mal lauter, als meine Kopfhörer es empfehlen. Musik schafft es, alles andere auszublenden. Was ist dein Lieblingssong? Welcher berührt dich und gibt dir das Gefühl, verstanden zu werden? Um vorbereitet zu sein, kannst du in deiner favorisierten Musik-App schon mal eine Playlist mit diesen Songs anlegen. Meine heißt SELF-CARE und sie ist voll mit Songs von The 1975. Mein Extratipp: laut mitsingen und durch die Wohnung tanzen.

» **AUSSCHLAFEN.** Erinnerst du dich? Schlaf verbessert die Laune, weil unser Gehirn negative Emotionen verarbeitet, während wir schlafen.

» **SPORT UND BEWEGUNG.** Weil auch das gegen negative Gefühle hilft und die Stimmung hebt.

» **MIT EINEM*EINER FREUND*IN TREFFEN,** facetimen oder telefonieren. Um sich abzulenken oder über das Problem zu sprechen. Selbst wenn ihr nicht sofort eine Lösung dafür findet: Oft tut es schon gut, einfach nur darüber gesprochen und dein Leid mit jemandem geteilt zu haben.

» **DEINE FAMILIE ODER DEIN*E PARTNER*IN.** Aus dem gleichen Grund.

» **ZEIT ALLEIN VERBRINGEN.** Auch das kann helfen und ist wohl eher eine Typfrage. Schließlich funktioniert nicht jeder Mensch gleich. Der eine lädt seine Akkus besser allein auf, der andere in Gesellschaft. Mir tut es sehr gut, Zeit für mich zu haben. Ich lade dabei nicht nur meine sozialen, sondern alle Batterien auf.

» **IN DIE NATUR GEHEN.** Die frische Luft und die Bewegung tun oft gut. Außerdem sieht man mal was anderes als die eigenen vier Wände. Nimm dir eine*n Freund*in mit oder geh für dich allein. Was immer dir am besten tut.

- » **EINEN HEIßEN TEE TRINKEN.** Allgemein genug trinken. Dein Körper besteht zu siebzig Prozent aus Wasser. Trinkst du zu wenig davon, reagiert er mit Müdigkeit und Schwäche.
- » **DIE WOHNUNG PUTZEN.** Nein, wirklich! Vielen Menschen geht es besser, wenn ihre Wohnung geputzt ist. Oft hilft es schon, ein bisschen aufzuräumen. Man fühlt sich geordneter, wenn die Umgebung geordnet ist. Und die Bewegung, die damit einhergeht, tut ihr Übriges.
- » **DEIN HAUSTIER KUSCHELN.** Oder wenn es nicht besonders kuschelbar ist, weil es sich um oder Spinne, Skorpion oder Gecko handelt: dich mit ihm beschäftigen. Oder wenn du kein Haustier hast: ein Kuscheltier kuscheln.
- » **KREATIV SEIN.** Zeichnen, stricken, basteln, nähen, tischlern, modellieren. Einfach alles, bei dem du etwas mit deinen eigenen Händen erschaffst.
- » **DEIN HOBBY.** Das kann reiten, lesen, eine Fremdsprache lernen, Vögel beobachten, Pilze sammeln, Origami, Schwertkampf oder Zaubertricks lernen sein. Es muss dir guttun. Und noch mal: Was dir guttut, ist keine Zeitverschwendung!
- » **SONNENLICHT TANKEN.** Die Haut wandelt Sonnenstrahlen in Vitamin D um, das wir zum Glücklichsein brauchen (deswegen fühlen wir uns im Herbst und Winter, wenn es häufig bewölkt ist, oft niedergeschlagen). Sonne tut gut, auch wenn es nur ein bisschen im Gesicht ist.

- » **Selfcare heißt: Sich um sich selbst kümmern.**
- » **Du hast verdient, dir Gutes zu tun. (Gerade wenn du selbst nicht der Meinung bist.)**

- Selfcare ist vielfältig! Was dir guttut, weißt du selbst am besten.
- Selfcare ist weder egoistisch noch unproduktiv.
- Du kannst dein Selbstwertgefühl steigern, indem du dich selbst gut behandelst.
- Du bist die wichtigste Person in deinem Leben.

ÜBUNG: DIE WUNDERFRAGE

Als von Mobbing Betroffene sind wir trainiert darin, unauffällig zu sein, keine Probleme zu verursachen, niemandem zur Last zu fallen. Wir haben keinen Hunger, müssen nicht auf Toilette, brauchen nichts, auch dann nicht, wenn jemand fragt. Wir sind gut darin, unsere Bedürfnisse zurückzustellen. Was man sich einmal angewöhnt hat, wird man leider nur schwer wieder los. Ich muss mich noch heute ständig daran erinnern, auf meine Bedürfnisse zu hören: zu essen, wenn ich hungrig bin, mir Zeit für mich zu nehmen, wenn ich allein sein möchte, und Nein zu sagen, wenn ich etwas nicht tun will. Oft fällt es mir schwer, überhaupt zu identifizieren, was ich gerade brauche. Bei körperlichen Bedürfnissen klappt es noch ganz gut. Bei emotionalen hingegen bemerke ich oft nur ein grobes Unwohlsein und kann gar nicht einschätzen: Was brauche ich, damit es mir besser geht?

Unser Körper weiß genau, was er benötigt. Wir müssen nur wieder lernen, auf ihn zu hören. Und da gibt es einen Trick: Stell dir vor, dir geht's bereits besser. Und dann frag dich, wie du dort hingekommen bist. Du stellst dir die Wunderfrage. Dir geht es von jetzt auf gleich perfekt. Ein Wunder ist geschehen! Was hat sich verändert?

AUFGABE: Stell dir die Wunderfrage.

Hilfsmittel:

- Wenn es dir hilft, Zettel und Stift.
- Ein paar Minuten Zeit.
- Ein Fünkchen Fantasie.
- Achtsamkeit, um deine aktuelle Befindlichkeit einzuschätzen.

Ablauf:

SCHRITT 1: Du wachst auf und denkst: »Mir geht's perfekt, fantastisch!« Es muss ein Wunder passiert sein, denn gestern hast du dich noch nicht so gefühlt. Du bist frei von Sorgen, fühlst dich unbeschwert, hast keinerlei unerfüllte Bedürfnisse. Was ist dann passiert? Wie fühlst du dich dann? Was hat sich verändert? Ich gebe dir mal ein Beispiel. Wenn ich morgen aufwache und mich toll und sorgenfrei fühle, dann habe ich endlich das Manuskript für dieses Buch abgegeben. Ich habe außerdem Zeit mit meinen Freund*innen im Park verbracht, wir haben in der Sonne gesessen und gequatscht. Ich wache neben meinem Freund auf, fühle mich entspannt und geborgen.

SCHRITT 2: Spüre achtsam nach, wie wir es geübt haben. Wie geht es dir jetzt gerade?

Ich gebe dir wieder ein Beispiel. Mir geht's gerade ganz okay. Ich fühle mich etwas überarbeitet, weil ich aktuell dieses Manuskript schreibe und in meinem neuen Job angelernt werde. Ich vermisse meinen Freund. Auch meine Freund*innen kommen zurzeit zu kurz. Außerdem habe ich keine Lust mehr auf Winter und Kälte. Aber hier im Bett ist es warm und schön.

SCHRITT 3: Vergleiche deine Wundervorstellung mit deinem jetzigen Zustand. Was unterscheidet sich? Um welche Bedürfnisse handelt es sich? Was kannst du für dich selbst tun, damit es dir besser geht?

In meiner Bilanz zeigt sich: Ich habe ein Bedürfnis nach mehr Freizeit und sozialer Nähe. Ich nehme mir nächste Woche also einen Tag frei und treffe mich mit einer Freundin. Am besten unternehmen wir etwas, was man draußen macht. Ich brauche auch Geborgenheit und Entspannung. Nachher fahre ich zu meinem Freund und hole mir eine feste Umarmung ab. Danach machen wir uns einen gemütlichen Abend vor dem Fernseher.

Ziele:

» Auf deinen Körper hören und deine Bedürfnisse identifizieren.
» Lernen, sie zu erfüllen, anstatt sie zurückzustellen.
» Deinem Kopf beweisen, dass du gut für dich sorgst.
» Das stärkt langfristig dein Selbstwertgefühl.
» Dein Wohlbefinden verbesserst du auch, denn du bekämpfst die Folgen von Stress und Belastung.
» Und so stärkst du gleichzeitig deine Resilienz.

ÜBUNG: SELFCARE-BOX

Du könntest dir eine Box anlegen, die du mit vielen kleinen Zetteln bestückst, auf denen Dinge oder Aktivitäten stehen, die dir guttun.

Das Problem ist: Häufig fällt uns ausgerechnet in den Momenten, in denen wir Ablenkung oder Selfcare am dringendsten bräuchten, nicht mehr ein, was uns hilft. Dann reicht ein Griff in deine Selfcare-Box, die viele Vorschläge für dich bereithält. Das ist ein bisschen wie jemanden zu fragen, was helfen könnte. Nur ist hier dieser jemand du selbst – in einem besseren Zustand. Das ist klug, weil du dich besser kennst als alle anderen und am besten weißt, was dir hilft.

AUFGABE: Gestalte eine Box, die Merkzettel mit Aktivitäten enthält, die dir guttun und auf die du zugreifen kannst, wenn es dir schlecht geht.

Hilfsmittel:

- Eine Schachtel, Box oder Schmuckschatulle, ein Schuhkarton, ein Versandpaket, ein Schatzkästchen, ein Mäppchen, eine Vorratsdose – du kannst wirklich alles benutzen, was du im Haus findest.
- Zettel, Stift und je nach Lust und Laune Materialien zum Verschönern: Glitzer, Washi-Tape, Sticker, Perlen. Der Fantasie (und Pinterest) sind keine Grenzen gesetzt.
- Die Wunderfrage hilft dir herauszufinden, was dein Körper und Kopf gerade brauchen.

Ablauf:

SCHRITT 1: Schreib so viele Zettelchen mit Selfcare-Methoden, wie dir einfallen. Einfach mal brainstormen: Was mache ich normalerweise, wenn es mir nicht gut geht? Was mache ich an freien Tagen? Was mache ich, um mich zu entspannen? Was tue ich, um runterzukommen?

Dir müssen nicht sofort hundert Dinge einfallen. Du kannst die Box jederzeit erweitern, wenn du etwas erlebst oder dich an etwas erinnerst, das dir guttut. Es müssen Aktivitäten sein, die dir guttun, nicht anderen (schau dir gern trotzdem mal meine Vorschläge dazu im Kapitel »Selfcare« an).

SCHRITT 2: Steck alle Zettelchen in deine Box, Schachtel, Schatulle oder Was-auch-immer. Wenn du magst, kannst du deine Box beschriften (zum Beispiel »Ninas Selfcare-Box«, »Was Paul guttut«) oder sie einfach so verschönern. Dir sind da keinerlei Grenzen gesetzt, von schlicht bis kitschig ist alles erlaubt. Gestalte die Box so, dass sie dir gefällt und du sie gern benutzt.

SCHRITT 3: Öffne die Box und zieh ein Zettelchen, wenn es dir schlecht geht, du erschöpft bist oder dir etwas Gutes tun willst. Dir gefällt die

Idee? Dann mach das. Gefällt sie dir nicht? Zieh ein neues Zettelchen. Hauptsache, du findest etwas, was dir guttut.

Ziele:

» Mit dem Kästchen hast du immer eine Möglichkeit vor Augen, dir etwas Gutes zu tun, wenn es dir schlecht geht. Auch dann, wenn du keine Ideen hast oder es dir so mies geht, dass du darüber nicht nachdenken kannst oder willst.
» Selfcare wird zur normalsten Sache der Welt. Denn während du die Box anfertigst, weißt du, dass du dich um dich selbst kümmern darfst – und auch solltest.
» Indem du dich selbst gut behandelst, stärkst du langfristig dein Selbstwertgefühl. Dein Kopf lernt: Du tust dir Gutes und kümmerst dich um dich selbst. Also musst du wichtig und wertvoll sein.
» Dein Körper und dein Kopf erholen sich von Stress und emotionaler Belastung.
» Und schon hast du deine Resilienz gestärkt.

Und weil ich mir wichtig bin, lasse ich mir jetzt erst mal ein Schaumbad ein.

5.5 DEIN INNERER SABOTEUR

Ich hatte euch doch von dieser Situation neulich erzählt: Ich gehe einkaufen. Als ich an der Kasse warte, steht eine Gruppe Jugendlicher hinter mir, die tuscheln und lachen. Die Stimme in meinem Kopf legt sofort los: »Die lachen über dich!«

Darf ich vorstellen: Mein innerer Saboteur ist da. Warum er so heißt? Weil er alles sabotieren will, was ich tue. Er sitzt in meinem Kopf, sieht immer nur das Negative und streut Zweifel und Sorgen: Bin ich okay? Habe ich etwas falsch gemacht? Mögen meine Freund*innen mich?

Der innere Saboteur stellt ständig Behauptungen auf: »Du kannst das sowieso nicht«, sagt er. »Du bist egal.« Oder er sagt: »Egal, was passiert, du bist daran schuld.« – »Du bist nicht gut genug«, sagt er manchmal, egal, wie sehr ich mich bemühe. Er behauptet einfach: »Deine Liebsten, die haben dich gar nicht lieb.« Die Wahrheit ist ihm egal. Er lügt, dass sich die Balken biegen. Hauptsache, du hast danach ein schlechtes Gefühl. Sagen wir, wie es ist: Er ist so ein Drecksack.

Dein innerer Saboteur ist für alle negativen Gedanken in deinem Kopf verantwortlich.

DIE STIMME DEINER MOBBER*INNEN

Übrigens hat jeder Mensch einen inneren Saboteur. Bei manchem hält er sich nur mehr zurück als bei anderen. Bei Menschen, die Mobbing erfahren haben, wurde der innere Saboteur zu viel gefüttert. Er ist groß, stark und laut geworden. Und er hat sich alles gemerkt, was dir jemals an den Kopf geworfen wurde. Er weiß genau, wie er dich verletzen kann. Was er sagen muss, damit es dir schlecht geht. Er ist sozusagen die Stimme deiner Mobber*innen, die es sich in deinem Kopf gemütlich gemacht hat, und irgendwie müsst ihr jetzt miteinander klarkommen.

Wenn es dir hilft, kannst du ihm einen Namen geben. Ihn vielleicht wirklich so nennen, wie deine Mobber*innen heißen. Besser finde ich aber, du suchst ihm einen blöden Namen, mit dem du dich über die Stimme in deinem Kopf lustig machst. Ein bisschen hat er das verdient – schließlich macht er dir das Leben schwer. Ja, gib ihm den blödesten Namen, der dir einfällt. Ich habe meinen »Schlechtibert« genannt (weil er immer alles schlechtreden muss).

Mobbing ist Futter für den inneren Saboteur. Er wächst und wird lauter.

DIE GEGENSTIMME

Ich will dir noch jemanden vorstellen: meinen liebevollen Begleiter. Er ist überall dabei und begegnet mir immer liebevoll. Er will nur das Beste für mich und spricht mir gut zu: »Du hast alles richtig gemacht. Du wirst geliebt. Jede*r macht mal Fehler.« Er macht mir Mut und glaubt an mich und meine Fähigkeiten. Er versichert mir, dass ich wertvoll bin. Wenn ich mir längst mal wieder die Schuld gegeben habe, ist er da, um mich zu verteidigen. »Du wirst geliebt,« sagt er, »und bist gut so, wie du bist.« Egal, wie schlimm die Situation scheint: Er ist ein unverbesserlicher Optimist. Er setzt sich mit allen Mitteln dafür ein, dass es mir besser geht.

Der innere Saboteur hat einen Gegenspieler: den liebevollen Begleiter.

MOBBING MACHT IHN MUNDTOT

Auch du hast einen liebevollen Begleiter. Doch wer Mobbing erfahren hat, dessen liebevoller Begleiter ist häufig sehr ruhig. Die vielen schlimmen Dinge, die du und er sich anhören mussten, haben ihn mundtot gemacht. Außerdem wird er oft von der Stimme deiner Mobber*innen übertönt. Er ist trotzdem noch da! Um dir auch seine Seite anzuhören, solltest du deinen liebevollen Begleiter ermutigen, mehr aus sich rauszukommen. Wie das geht? Es lohnt sich, ihn gezielt anzusprechen oder zu fragen: »Hey, was hältst du eigentlich davon? Wie schätzt du die Situation ein?«

Wer seinen liebevollen Begleiter stärkt, ihm eine Stimme gibt und ihn anhört, der stärkt auch langfristig den guten Umgang mit sich selbst und damit das eigene Selbstwertgefühl.

- **Der innere Saboteur ist die Stimme in deinem Kopf, die negative Gedanken ausspuckt.**
- **Der innere Saboteur lügt, streut Zweifel und will um jeden Preis, dass es dir schlecht geht.**
- **Der liebevolle Begleiter ist sein Gegenspieler.**
- **Er spricht dir gut zu, ist optimistisch und will, dass es dir gut geht.**
- **Das Mobbing hat den liebevollen Begleiter mundtot und den inneren Saboteur groß, stark und laut gemacht.**
- **Du kannst deinen liebevollen Begleiter gezielt stärken.**
- **Ein starker liebevoller Begleiter steht für einen liebevollen Umgang mit sich selbst und damit für ein starkes Selbstwertgefühl.**

ÜBUNG: ZWEI PERSPEKTIVEN

AUFGABE: Kommentiere eine vergangene Situation sowohl aus der Perspektive des liebevollen Begleiters als auch aus der des inneren Saboteurs.

Hilfsmittel:

» Ein Stift und die Gedankentabelle.
» Je ein Stuhl für deinen liebevollen Begleiter und den inneren Saboteur. Falls es dir beim Hineinversetzen hilft, kannst du Namensschilder für beide schreiben und am jeweiligen Stuhl befestigen.

Ablauf:

SCHRITT 1: Wähle eine konkrete Situation aus, in der dein innerer Saboteur (die Stimme deiner Mobber*innen) besonders aktiv war. Beschreibe sie genau. Wo fand sie statt? Wer war anwesend? Was genau ist passiert.

SCHRITT 2: Was hat dein innerer Saboteur gesagt? Während du ihn verkörperst, setz dich auf seinen Stuhl, um dich besser in ihn hineinversetzen zu können. Schreib alles auf, an das du dich erinnerst.

SCHRITT 3: Welche Emotionen haben die Situation und die Kommentare deines inneren Saboteurs in dir ausgelöst? Was hast du wahrgenommen? Das können zum Beispiel Enttäuschung, Wut, Angst, Scham oder Erleichterung gewesen sein. Schreib so viele auf, wie dir einfallen.

SCHRITT 4: Wie würde dein liebevoller Begleiter auf die Kommentare des inneren Saboteurs antworten? Wie würde er dich verteidigen? Setz dich jetzt auf seinen Stuhl und fühl dich in ihn ein. Schreib alles auf, was dir einfällt. Achte darauf, dass der liebevolle Begleiter mindestens so viel sagen darf wie der innere Saboteur.

TIPP: Wenn es dir schwerfällt, die Perspektive des liebevollen Begleiters einzunehmen, denk an eine Person, die dich in der Vergangenheit liebevoll begleitet hat. Das kann zum Beispiel eine Bezugsperson aus deiner Kindheit sein (zum Beispiel deine Eltern oder Geschwister), dein*e beste*r Freund*in oder der*die Partner*in. Für mich ist es mein Opa. Was würde diese Person dazu sagen? Wie würde sie die Situation einschätzen? Wie würde sie dich in Schutz nehmen? Es hilft uns immens, sich eine Person vorzustellen, deren Perspektive wir einnehmen können. Denn liebevoll und empathisch gegenüber anderen zu sein, fällt uns meistens deutlich leichter, als liebevoll mit uns selbst umzugehen.

Kommen wir noch mal zu der Situation zurück, als ich einkaufen war und das Gefühl hatte, von einer Gruppe Jugendlicher ausgelacht zu werden. Da war mein innerer Saboteur sehr aktiv. In meinem Fall sieht die Übung so aus:

SITUATION
Ich stehe im Supermarkt an der Kasse an. Hinter mir ist eine Gruppe Jugendlicher (insgesamt vier), die unaufhörlich tuscheln und kichern.

INNERER SABOTEUR	EMOTIONEN	LIEBEVOLLER BEGLEITER
Die beobachten dich.	Nervosität	Die nehmen dich überhaupt nicht wahr.
Die lachen über dich.	Angst	Wahrscheinlich hat jemand einen Witz erzählt.

INNERER SABOTEUR	EMOTIONEN	LIEBEVOLLER BEGLEITER
Die finden dich scheiße.	Verunsicherung	Die kennen dich doch gar nicht.
Du siehst komisch aus.	Zweifel	Du siehst ganz normal aus.
Du hast dich seltsam verhalten.	Unsicherheit	Du verhältst dich wie immer.
Du solltest dich schämen.	Scham	Du bist gut so, wie du bist.
Du kannst nicht mal einkaufen gehen, ohne ausgelacht zu werden.	Selbsthass	Du denkst das nur, weil du früher oft ausgelacht wurdest.
Du bist eine Witzfigur.	Trauer	Das sind alte Wunden – mehr nicht.

Mein liebevoller Begleiter hat recht. Die Annahmen, die mein innerer Saboteur macht, sind völlig haltlos. Ich kenne diese Jugendlichen gar nicht. Ich sehe nicht anders aus oder verhalte mich anders als sonst. Die mit seinen Kommentaren verbundenen Gefühle sind genauso unsinnig ich sollte ihnen nicht nachgeben. Wahrscheinlich hat jemand eine witzige Story erzählt oder etwas Unanständiges gesagt, und deshalb haben sie getuschelt und gelacht. Ich sollte das nicht auf mich beziehen.

Okay, jetzt du:

SITUATION

INNERER SABOTEUR	EMOTIONEN	LIEBEVOLLER BEGLEITER

Mit ein wenig Übung schaffst du das nicht nur mit vergangenen Situationen, sondern auch im Alltag, wenn dein innerer Saboteur aktiv wird. Achtsamkeit hilft dir dabei, aufkommende negative Gedanken als deinen inneren Saboteur zu enttarnen, der sich zu Wort meldet. Das gibt dir die Chance, den liebevollen Begleiter zu aktivieren. Halte ihm etwas entgegen: Nein, das stimmt so nicht. Das ist nur die Stimme meiner Mobber. Was würde mein Opa wohl dazu sagen? Er würde bestimmt sagen, dass ich das gut mache. Dein liebevoller Begleiter wird zu einer starken Stimme, die genauso laut ist wie der innere Saboteur.

Ziele:

- Beide Perspektiven (innerer Saboteur und liebevoller Begleiter) einnehmen können.
- Negative Gedanken nicht als Wahrheit auffassen, sondern als inneren Saboteur entlarven.
- Die Stimme des liebevollen Begleiters stärken.
- Ihn auch im Alltag aktivieren.
- In kritischen Situationen die Ruhe bewahren und sie stressfreier bewältigen.
- Die Schuld nicht immer bei sich selbst suchen. Das ist gut fürs Selbstvertrauen.
- Öfter liebevoll zu sich selbst sprechen, um das Selbstwertgefühl zu stärken.

Was würde dein liebevoller Begleiter sagen? Ich glaube an dich! Du schaffst das!

ÜBUNG: SICH AKZEPTIEREN

Als Opfer von Mobbing lernen wir, dass wir nicht in Ordnung sind, wie wir sind. Wir lernen, die Dinge, die untrennbar zu uns gehören, zu hassen und uns dafür zu schämen. Wir werden als »fett« und »hässlich« bezeichnet. Wir werden dafür ausgelacht, wie wir sind, was wir mögen und was uns interessiert. Doch wir können daran arbeiten, diese Seiten an uns wieder mögen zu lernen oder sie zumindest als Teil von uns zu akzeptieren.

AUFGABE: Ich frage, du antwortest.

WELCHE STELLEN AN DEINEM KÖRPER MAGST DU NICHT?

Du findest deine Nase zu groß? Du meinst, dein Bauch ist zu dick? Wir alle haben Stellen an unserem Körper, die wir nicht ausstehen können.

Ich zum Beispiel mag meine Beine nicht. Mein Gewicht ist normal. Meine Beine sind nicht dick. Aber wenn ich mich im Spiegel betrachte und all die Dehnungsstreifen an meinen Oberschenkeln sehe, dann höre ich noch immer die Stimmen meiner Mobber, die sagen: »Fette Sau!«

Ich kann also verstehen, wenn auch du Stellen an deinem Körper hast, die du nicht leiden kannst oder die du nicht ansehen willst, weil du einfach nicht vergessen kannst, was dir immer und immer wieder gesagt wurde.

MEINE FRAGEN, DEINE ANTWORTEN:

- Wissen andere, dass du diese Körperstellen nicht magst? Wundern sie sich?
- Wurdest du schon mal auf diese Körperstellen angesprochen?
- Welche Stellen an deinem Körper magst du? Was genau magst du daran?
- Für welche Stellen deines Körpers hast du schon mal ein Kompliment erhalten?

Niemand von uns ist perfekt und niemand mag alles an sich. Das ist ganz normal. Ich mag meine Haare. Die sind flauschig, das höre ich immer wieder. Und meine Beine finde ich inzwischen in Ordnung. Toll finden werde ich sie wohl nie, aber das muss ich auch gar nicht. Als ich das mal erzählt habe, waren alle überrascht, dass ich überhaupt ein Problem mit ihnen hatte. Das hat mir mal wieder gezeigt: Das kommt von damals. Das ist überhaupt nicht rational.

WAS SIND EIGENSCHAFTEN, FÜR DIE DU DICH SCHÄMST?

Hier ist, wofür ich mich geschämt habe: dass ich sensibel war und die Attacken nicht einfach so wegstecken konnte. Dass ich immer wieder angefangen habe zu weinen. Das hat ihnen eine Angriffsfläche geboten.

Außerdem war ich sehr schüchtern. Auch das war damals ein Problem. Ich habe mich oft nicht getraut zu reden, und deshalb habe ich keine Freund*innen gefunden, die mich hätten verteidigen können. Ich kann verstehen, warum ich diese Eigenschaften nicht leiden konnte.

MEINE FRAGEN, DEINE ANTWORTEN:

» Was ist eine Eigenschaft, für die du dich schämst oder die du an dir nicht magst?
» Was sind Vorteile dieser Eigenschaft? Nenne je zwei.
» Was magst du an anderen, die diese Eigenschaft haben?
» In welcher Situation war dir deine Eigenschaft von Nutzen? Nenne je eine.

Eine Eigenschaft, die wir als Schwäche empfinden, kann sich als Stärke erweisen. Heute schätze ich meine Empfindsamkeit. Sie macht mich empathisch. Ich kann mich gut in andere hineinversetzen und ihnen das Gefühl geben, verstanden zu werden. Auch dass ich introvertiert bin, macht mir gar nichts mehr aus. Vielmehr genieße ich meine regelmäßigen Auszeiten – sie gehören zu mir und meinem Leben. Außerdem glaube ich, dass mich meine Introversion zu einem guten Beobachter macht. Das mag ich an mir.

AN MEINE QUEEREN FREUND*INNEN:

Ihr dürft sein, wer ihr sein wollt, und ihr dürft lieben, wen ihr lieben wollt. Niemand sucht es sich aus, lesbisch, schwul, bi, trans*, inter* oder asexuell zu sein. Aber jede*r Einzelne entscheidet, ob er uns akzeptieren und tolerieren oder ein homophobes Arschloch sein will. Schämt euch niemals dafür, wer ihr seid oder wen ihr liebt!

WAS SIND INTERESSEN ODER HOBBYS, DIE DIR PEINLICH SIND?

Ich mochte in der siebten Klasse noch Pokémon. Ich habe die Serie geschaut, die Gameboy-Spiele gespielt und die Karten gesammelt. Als einer meiner Mobber das herausgefunden hat, hat er sich vor der ganzen Klasse über mich lustig gemacht: »Norman guckt noch Pokémon!« Das sei etwas für kleine Kinder, hat er gesagt. Die Klasse hat gelacht. Das war total unangenehm, aber es hat nichts daran geändert, dass ich Pokémon mochte und mich damit beschäftigt habe. Es hat nur dafür gesorgt, dass ich es niemandem mehr erzählt habe, weil es mir plötzlich peinlich war. Ich entwickelte generell eine Angst davor, meine Interessen mit anderen zu teilen. Da war immer die Sorge, dass andere Menschen es für unangemessen, kindisch oder langweilig halten könnten.

Hast du etwas Ähnliches erlebt? Haben sich deine Mitschüler*innen über das, was du gern magst oder tust, lustig gemacht? Haben sie dir das Gefühl gegeben, dass du deine Zeit damit verschwendest?

MEINE FRAGEN, DEINE ANTWORTEN:

- Was fühlst du, während du dein Hobby ausübst?
- Hast du schon mal völlig die Zeit vergessen, während du dich damit beschäftigt hast?
- Kannst du die Welt um dich herum dann ausblenden?
- Macht es dir gute Laune?
- Inwiefern hilft es dir, wenn du einen schlechten Tag hattest?
- Was sind Hobbys von anderen, die dich überhaupt nicht interessieren?
- Was glaubst du? Sind es deswegen schlechte Hobbys?

Alles, was dir Spaß macht, ist gut investierte Zeit. Wenn ein Hobby positive Gefühle in dir auslöst, wenn die Beschäftigung mit deinen Interessen dich begeistert, sich spannend anfühlt und du die Welt um dich herum vergessen kannst, dann ist das keine Zeitverschwendung, sondern ein positiver Ausgleich, der dich langfristig gesund hält. Was andere davon halten und ob sie auch Spaß daran hätten, ändert nichts daran, dass du das tust. Also hör die Musik, schau die Filme und lies die Bücher, die dir gefallen!

Ich bin besser darin geworden, über meine Hobbys und Interessen zu sprechen. Teilen alle meine Leidenschaften? Nein. Kann jede*r nachvollziehen, warum mir diese Dinge Spaß machen? Nein. Aber das ist nicht wichtig. Interessiert dich das nicht? Okay, kein Ding, dann wechseln wir das Thema.

Ziele:

» Wir wollen einen Überblick bekommen, was an uns wir ablehnen und wofür wir uns schämen.
» Wir wollen diese negativen Gedanken hinterfragen.
» Wir wollen sie als Überbleibsel unserer Mobbing-Erfahrungen entlarven.
» Wir können uns auf das konzentrieren, was wir an uns mögen.
» Wir verstehen, dass unsere Schwächen und Eigenheiten auch Stärken sein können.
» Wir können uns selbst akzeptieren.
» Und wir können so unser Selbstwertgefühl stärken.

Übrigens habe ich letztens meine alten Pokémon-Karten gefunden und beschlossen, mir die erste Staffel noch einmal anzuschauen. Ich fand sie nicht besonders gut, aber sie hat mich nostalgisch gemacht. Ich musste an früher denken, wie lange ich mich damit beschäftigt habe und wie viel Freude es mir bereitet hat. Ich bereue nichts.

ÜBUNG: EINE ZWEITE MEINUNG

Habt ihr schon mal etwas vom Selbstkonzept gehört? Es beschreibt, wie wir uns selbst bewerten – beispielsweise unsere Fähigkeiten und Eigenschaften – und inwiefern das von unserem Idealbild abweicht, also der Vorstellung davon, wie wir gern wären. Doch wie viel davon ist echt? Wissenschaftler haben herausgefunden:

Wir sind zu selbstkritisch. Und wir bewerten andere eher positiv, während wir an uns selbst die höchsten Massstäbe anlegen. Das bedeutet im Umkehrschluss, dass wir uns selbst schlechter einschätzen, als andere das tun.

Menschen, die Mobbing erlebt und sich zuhauf die negativen Bewertungen von Mitschüler*innen angehört haben, gehen eher davon aus, dass andere sie noch schlechter bewerten als sie selbst sich ohnehin schon. Viele von uns haben sowieso ein mieses Selbstwertgefühl und nehmen nur wahr, wie weit entfernt sie von ihrem Idealbild sind.

Wir Mobbing-Opfer sind also wirklich wie gemacht dafür, ein schlechtes Selbstkonzept zu haben. Manchmal kann es deshalb hilfreich sein, die Einschätzung anderer Personen über sich selbst einzuholen, um ein bisschen näher an die Wahrheit heranzukommen.

AUFGABE: Bewerte dich selbst in Bezug auf ein äußeres Merkmal, eine Eigenschaft oder Fähigkeit. Hole anschließend die Bewertung einer dir nahestehenden Person genau zu diesem Punkt ein. Vergleiche die Ergebnisse.

Hilfsmittel:

Jemand, der dich gut einschätzen kann. Das kann ein Familienmitglied, dein*e Partner*in oder ein*e gute*r Freund*in sein.

Ablauf:

SCHRITT 1: Wähle etwas aus, das du an dir selbst als unzureichend einschätzt. Du kannst natürlich auch mehrere Merkmale auswählen. Das können sein:

- ein **ÄUSSERES MERKMAL** (zum Beispiel deine Nase, deine Oberschenkel),
- eine **EIGENSCHAFT** (zum Beispiel deine Empathie, dein Humor) oder
- eine **FÄHIGKEIT** (zum Beispiel wie gut du zeichnen kannst).

SCHRITT 2: Schreibe deine Gedanken zu diesen Merkmalen auf. Wie schätzt du dich ein? Wie bewertest du die Merkmale auf einer Skala von 1 (»sehr schlecht«) bis 10 (»sehr gut«)

SCHRITT 3: Frag ein Familienmitglied, deine*n Partner*in oder eine*n Freund*in nach ihrer Meinung zu diesen Merkmalen. Lass sie die Merkmale ebenfalls auf einer Skala von 1 bis 10 bewerten.

SCHRITT 4: Vergleiche die Ergebnisse. Wer hat dich schlechter eingeschätzt?

Hast du diese Übung ein paarmal wiederholt, stellst du vielleicht ein Muster fest: Wer hat öfter recht? Wem kannst du mehr glauben, wenn es um die Bewertung deiner Person geht? Bist du fair, wenn du dich selbst einschätzt? Und kannst du dich darauf einlassen, auch der Wahrnehmung anderer zu vertrauen?

Wer sich den Fehler der eigenen Wahrnehmung bewusst macht, kann damit arbeiten. Ich gucke manchmal in den Spiegel und denke immer noch: »Du bist dick.« Doch ich weiß inzwischen, dass andere das nicht so sehen, und der Gedanke hilft. Weil sie ein neutrales Bild von mir haben, während meine Wahrnehmung meiner Figur von den üblen Beleidigungen (»*Fette Sau!*«) meiner damaligen Mitschüler*innen geprägt ist. Aber seit ich mich in dieser Weise damit auseinandersetzte, wird diese Stimme in meinem Hinterkopf allmählich leiser.

Ziele:

- Verstehen, dass unsere Eigenwahrnehmung von der Vergangenheit geprägt und deshalb fehlerhaft ist.
- Uns selbst realistischer einschätzen.
- Weniger streng mit dem eigenen Aussehen, den Eigenschaften und Fähigkeiten ins Gericht gehen.
- Eigenen Schwächen akzeptieren und das Selbstvertrauen stärken.
- Und so dein Selbstwertgefühl und damit deine Resilienz stärken.

Probier's aus! Du wirst überrascht sein.

ÜBUNG: WAS ICH GUT KANN

»Du kannst ja gar nichts! Du bist so dumm! Brot kann schimmeln, was kannst du?« Wir hören uns nicht nur täglich an, wie wenig wir können, wir kriegen es auch ständig zu spüren. Werden ausgelacht für jeden Fehler, den wir (vermeintlich) machen: wenn uns etwas runterfällt, wir stolpern, hinfallen oder mal eine schlechte Note schreiben. Und selbst wenn wir etwas gut können, wird es im Mobbing-Umfeld nicht wertgeschätzt. Egal, wie sportlich wir sind, im Sportunterricht werden wir trotzdem immer zuletzt gewählt.

Natürlich leidet unser Selbstvertrauen darunter. Und natürlich denken wir, dass wir nichts können, wenn uns das ständig gesagt wird. Aber eigentlich ist das nicht so, denn: Du kannst Dinge gut. Sie sagen und machen das, weil sie dich mobben – nicht weil du tatsächlich in allem schlecht bist. Jetzt gucken wir mal, was du alles gut kannst.

AUFGABE: Schreibe jeden Tag eine Sache auf, die du gut kannst.

Hilfsmittel:

» Klebezettel
» Jeden Tag eine Minute Zeit.

Ablauf:

SCHRITT 1: Schreibe auf einen Klebezettel, was du gut kannst – nur eine Sache. Klebe den Post-it-Zettel dahin, wo du ihn immer gut im Blick hast. Und das machst du jetzt jeden Tag. Du schreibst jeden Tag etwas Neues auf, in dem du gut bist, und klebst das zu den anderen Zetteln. Stell dir am besten einen Wecker auf deinem Smartphone, damit du es nicht vergisst, oder bau es in deinen Tagesrhythmus ein (zum Beispiel immer nach dem Frühstuck oder vor dem Schlafengehen).

SCHRITT 2: Du musst nicht phänomenal gut in dem sein, was du aufschreibst. Es können auch Dinge sein, von denen dir aufgefallen ist, dass sie dir leichtfallen (zum Beispiel Mathe oder jemanden nachahmen), die du besser kannst als einige, die du kennst (zum Beispiel backen oder freihändig Kreise zeichnen), die du besonders viel machst (zum Beispiel lesen oder dich mit dem Sonnensystem beschäftigen) oder die dich auszeichnen (zum Beispiel zielstrebig oder empathisch sein). Wenn dir nichts mehr einfällt, frage Freund*innen, deine Familie oder andere Leute, die dich gut kennen.

SCHRITT 3: Sieh dabei zu, wie die Sammlung deiner Fähigkeiten Tag für Tag wächst. Lies dir die Post-its durch, wenn du das nächste Mal denkst oder jemand zu dir sagt, dass du angeblich nichts kannst.

Ziele:

» Du merkst, wie viel du eigentlich kannst.
» Du hast deine Fähigkeiten und Stärken stets vor Augen.
» Auch dann, wenn du an dir zweifelst oder unter Stress stehst.

- Dein Selbstvertrauen wird gestärkt.
- Damit kannst du dich in Mobbing-Situationen besser durchsetzen.
- Das wiederum verstärkt deine Resilienz.

Na los, schreib den ersten Zettel!

ÜBUNG: FÜNF DINGE

Blitzübung! Schnell durchlesen, sofort loslegen.

AUFGABE: Schreibe fünf Dinge auf, die du an dir magst. Du hast eine Minute Zeit.

Hilfsmittel:

- Zettel und Stift
- Der Timer auf deinem Handy
- Spontaneität

Ablauf:

SCHRITT 1: Den Timer auf eine Minute stellen und starten.

SCHRITT 2: Fünf Dinge aufschreiben, die du an dir magst. Das können äußere Merkmale, persönliche Eigenschaften, Fähigkeiten, Erfolge oder Eigenarten sein. Einfach alles, was dir einfällt, egal wie klein oder groß, normal oder besonders, auffällig oder unscheinbar.

SCHRITT 3: Nicht lange überlegen!

Ziele:

- Du findest heraus, was du an dir magst (auch wenn du nur eine Sache findest).
- Du lobst dich selbst.

- Deine Selbstakzeptanz wird gestärkt, die schließlich ein Teil des Selbstwertgefühls ist.
- Und somit wird auch deine Resilienz stärker.

ÜBUNG: WAS ICH BEWIRKT HABE

Selbstvertrauen heißt aber nicht nur zu wissen, dass du Dinge kannst. Selbstvertrauen heißt auch, daran zu glauben, dass du Dinge verändern kannst.

Manchmal vergessen wir das, weil es in der Schule oft keinen Unterschied macht, ob wir etwas wollen: zum Beispiel in Ruhe gelassen werden, nicht ausgelacht, beleidigt oder geschlagen werden. Wir verlieren den Glauben an unsere Selbstwirksamkeit. Wir denken, dass es egal ist, was wir sagen oder tun – das ändert ja erfahrungsgemäß nichts. Also hören wir einfach auf, uns zu wehren, lassen alles über uns ergehen.

Aber das stimmt nicht. Denn wir machen einen Unterschied in der Welt. Wir beeinflussen, wie andere denken, fühlen und handeln. Wir haben schon Tausende Leben verändert – wenn auch nur ein bisschen. Wir erreichen jeden Tag ganz viele Dinge und es ist wichtig, dass wir diese schlechten Erfahrungen, die wir in der Schule machen, nicht auf unser ganzes Leben übertragen. Generalisieren sagt man dazu auch. Ja, in der Schule wird unser Wille oft ignoriert. Das heißt aber nicht, dass es auch überall sonst so ist oder immer so sein wird.

Deshalb führen wir uns mit dieser Übung ganz praktisch vor Augen, wie genau das aussieht, wenn wir einen Unterschied machen: Wie viel bewirkst du Tag für Tag? Es ist mehr, als du denkst.

AUFGABE: Du schreibst spontan die Dinge auf, die du bewirkt hast.

Hilfsmittel:

- Klebezettel
- Jeden Tag eine Minute von deiner Zeit.

Ablauf:

SCHRITT 1: Notiere eine Sache, die du heute verändert hast, auf einem Klebezettel. Klebe ihn irgendwohin, wo du sowieso oft hinguckst (zum Beispiel an die Wand, vor der dein Schreibtisch steht). Das machst du jetzt jeden Tag. Du schreibst also auf einen Klebezettel, was du genau an dem Tag verändert hast, also das, was du heute bewirkt hast, und dann klebst du ihn zu den anderen. Auch diesmal stellst du dir dafür am besten einen Wecker oder baust es in deine Routine ein, damit du es nicht vergisst.

SCHRITT 2: Was heißt das überhaupt, etwas verändern? Das kann alles sein: Vielleicht hast du heute nach dem Frühstück deine Müslischale abgespült und damit deinem Vater ein bisschen Arbeit abgenommen. Oder du hast die Tür der S-Bahn aufgehalten, damit eine alte Frau sie noch erwischt. Du könntest einer Freund*in, die gerade ein Problem hat, gut zugeredet haben, damit es ihr besser geht. Hast du deine Pflanzen gegossen, damit sie nicht vertrocknen? Vielleicht hast du auch für dich selbst etwas verändert. Zum Beispiel könntest du eine gute Note geschrieben haben, weil du für einen Test gelernt hast. Egal, was es war: Du hast etwas bewirkt. Deine Taten hatten einen positiven Effekt zur Folge. Ganz egal, wie klein oder alltäglich. Manchmal reicht es sogar zu existieren und gesund zu sein. Denn auch das gibt den Menschen, die dich lieb haben, ein positives Gefühl.

SCHRITT 3: An deiner Wand entsteht ein Tagebuch der Dinge, die du in deinem und dem Leben anderer positiv verändert hast und die du sonst einfach vergessen hättest. Sieh es dir an, wenn du mal wieder das Gefühl hast, dass du nichts verändern kannst.

Ziele:

» Du merkst, wie viel du eigentlich bewirkst.

- Du glaubst wieder daran, dass deine Worte und Taten einen Unterschied machen.
- Du wehrst dich gegen Mobbing, anstatt alles über dich ergehen zu lassen.
- Mit deiner Selbstwirksamkeitserwartung wächst auch dein Selbstvertrauen.
- Das wiederum stärkt deine Resilienz.

ÜBUNG: EIN DATE MIT DEINEN GEDANKEN

Unser innerer Saboteur liebt es, uns Dinge einzureden. Gerade in Bezug auf andere Menschen oder Freunde. Die reden über dich. Du hast dich in dieser Situation blöd verhalten. Du hast etwas Falsches gesagt. Sie verbringen nur aus Mitleid Zeit mit dir. Sie werden dich verlassen. Die Gedanken beginnen zu kreisen. Aber was sollen diese Gedanken? Manchmal sagt man eben etwas Falsches, das kann man nicht verhindern. Den Eindruck, den man bei einer anderen Person hinterlassen hat, kann man nicht mehr ändern. Und was hätten deine Freunde davon, aus Mitleid Zeit mit dir zu verbringen? Man könnte auch sagen: Diese Gedanken sind unproduktiv. Weil sie im Gegensatz zu produktiven Gedanken keinen Nutzen haben. Produktive Gedanken wirken vorbereitend auf eine Situation. Sie sollen dich vor Gefahren schützen.

Beispielsweise wenn du dich fragst, ob du für den Urlaub alles eingepackt hast. Dann ist es eine gute Idee, dir Gedanken darum zu machen, was noch fehlen könnte. Die Sonnencreme? Fast vergessen! Unproduktive Gedanken hingegen beziehen sich auf Dinge in der Vergangenheit, die du nicht mehr ändern kannst (»grübeln«), oder Ereignisse in der Zukunft, auf die du keinen Einfluss hast (»sorgen«). Es macht keinen Sinn, sich zu sorgen, ob nicht vielleicht das Flugzeug abstürzen könnte. Denn egal, wie lange du über einen möglichen Absturz nachdenkst: Es gibt keinen Weg und keine Vorbereitung, ihn zu verhindern, wenn er geschieht. Deine Gedanken sind nutzlos oder eben unproduktiv.

Wir wollen unproduktive Gedanken im Alltag abschalten.

Weil sie uns viel Zeit kosten und unseren Kopf unnötig beanspruchen. Und weil wir wissen, dass sie uns von der Stimme unserer Mobber*innen aufgetischt werden. Es wird Zeit, unseren inneren Saboteur zum Schweigen zu bringen! Und so stoppst du unproduktive Gedanken:

AUFGABE: Verabrede dich auf ein Date mit ihnen!

Hilfsmittel:

» **VORBEREITUNG:** Zettel, Stift und Schublade (oder irgendetwas, mit und in dem du deine Gedanken aufbewahrst kannst, bis du sie bearbeitest).

» **DER ORT FÜR DAS DATE:** Das kann wirklich alles sein: Denkstuhl, Grübelecke, Sorgenkissenburg.

» **DIE RICHTIGE STIMMUNG:** Achtsamkeit, um unproduktive Gedanken im Alltag schnell als solche zu entlarven. Will sich die Stimmung nicht einstellen, denk an die Achtsamkeitsübungen.

» **STYLING:** Auch für dieses Date lohnt sich was Hübsches zum Anziehen. Weil du es dir wert bist.

Ablauf:

SCHRITT 1: Da du jetzt weißt, was produktive und unproduktive Gedanken sind, und die beiden unterscheiden kannst, kannst du auch differenzieren: Betrachte deine Gedanken, als wäre sie die Frau/der Mann dir gegenüber. Lohnt es sich, weiter darüber nachzudenken? Habe ich dadurch einen Vorteil? Oder sollte ich eher versuchen, mit diesen Gedanken aufzuhören? Fragen, die du dir stellen kannst:

» Hat es einen Nutzen, darüber nachzudenken? Falls ja: Wie groß ist er? Und wird er dem Zeitaufwand des Nachdenkens gerecht?

- Bin ich besser auf die nächste Situation dieser Art vorbereitet, wenn ich darüber nachdenke?
- Kann ich das Ergebnis der Situation ändern, indem ich darüber nachdenke?
- Ändern meine Gedanken etwas an dem, was passiert ist/passieren wird?

SCHRITT 2: Verabrede dich für einen festen Ort und eine feste Zeit mit deinen unproduktiven Gedanken. Du entscheidest, wo und wann das Date stattfindet. Ob montags um drei auf dem Trockner, donnerstags um neun unter deinem Bett oder samstags um Mitternacht auf dem Friedhof (nicht mein Favorit, aber you do you). Lege auch die geplante Dauer fest. Meiner Erfahrung nach ist eine halbe Stunde fair. Der Hintergrund ist Folgender: Wer versucht, Gedanken zu unterdrücken, wird meist nur noch mehr daran denken. Wenn ich dir jetzt sage, dass du auf keinen Fall an einen rosa Elefanten mit Hut denken sollst, wirst du auf jeden Fall an einen rosa Elefanten mit Hut denken. Daher sollten wir Gedanken zulassen – nur nicht immer und überall. Wir geben ihnen ihren Raum und ihre Zeit zu existieren, dafür sind die Dates da. Und prompt lassen sie uns die restliche Zeit in Ruhe.

SCHRITT 3: Wann immer im Alltag ein unproduktiver Gedanke in deinem Kopf auftaucht und du ihn dank der geübten Achtsamkeit als solchen erkennst, kannst du ihm Folgendes sagen: »Unser Date ist erst Donnerstag um acht!« Oder: »Ich nehme dich wahr und werde dich bearbeiten. Aber nicht hier und jetzt, sondern am Donnerstag um acht in meinem Zimmer. Bis dahin packe ich dich in diese Schublade in meinem Kopf.« Und dann machst du genau das. Wenn es dir hilft, kannst du den Gedanken tatsächlich aufschreiben und in eine echte Schublade legen.

SCHRITT 4: Bis Donnerstag bleibt der Gedanke da, um acht Uhr in deinem Zimmer holst du ihn und alle anderen Gedanken raus, die du ebenfalls dorthin gesteckt hast, und denkst über sie nach. Für die verabredete halbe Stunde grübelst und sorgst du dich so viel, wie du willst. Das ist vermutlich das schrecklichste Date, das du jemals hattest (Grübeln macht wirklich keinen Spaß, vor allem keine halbe Stunde lang). Aber das ist okay. Weil das bedeutet, dass du die Woche über die Schnauze voll davon haben wirst.

Danach ist der Moment des Dates vorbei. Sobald die vereinbarte Zeit abgelaufen ist, machst du die Schublade zu. Du bist mit dem Gedanken nicht fertig geworden? Dann kannst du ihn zurück in die Schublade legen, um ihn in der nächsten Woche zu bearbeiten. Bis dahin nimmst du dir frei von deinen Gedanken. Du hast deinen Kopf nur für dich.

SCHRITT 5: Es lohnt sich, das jede Woche zu wiederholen! Die Dauer kannst du beliebig anpassen. Wenn die Zeit nur für ein Fünf-Minuten-Date reicht, ist das auch okay! Wenn du dir eine Stunde Zeit nehmen willst: Was soll's, klar! Wichtig ist aber, dass danach Schluss ist. Schublade zu, Stimme im Kopf still. Wie gut das tut, eine ganze Woche über!

Ziele:

» Du weißt, was produktive und unproduktive Gedanken sind, und kannst sie unterscheiden.
» Du kannst Grübeleien und Sorgen auf einen besseren Zeitpunkt und Ort vertagen.
» Du kannst sie auf eine feste Dauer begrenzen.
» Du hast mehr Zeit und einen freieren Kopf.
» Du zerbrichst dir nicht mehr den Kopf darüber, was andere von dir halten.
» Dein Selbstvertrauen wächst.
» Und damit wird auch deine Resilienz gestärkt.

5.6 DEIN ICH VON DAMALS

Erinnert ihr euch an meine frühere Mitschülerin, die sich nach langer Zeit wieder bei mir gemeldet hat? Ich hatte sie nur kurz erwähnt, aber in der Mail schrieb sie noch etwas Wichtiges: »Ich habe nicht realisiert, wie schlimm es damals wirklich für dich war. Ich würde gern in der Zeit zurückreisen und dir eine Freundin sein. Dich einfach mal umarmen und dir sagen, dass alles gut wird.« Natürlich konnte sie das nicht. In der Zeit zurückreisen, meine ich, und mir eine Freundin sein. Trotzdem hat es so gutgetan, diese Worte von ihr zu hören. Und ich habe mich lange gefragt, wieso mir das eigentlich so viel bedeutet. Mein Ich von damals kann das doch gar nicht hören. Oder doch?

Viele, bei denen das Mobbing schon Jahre oder sogar Jahrzehnte her ist, werden es kennen, dass man immer noch die Auswirkungen von damals spürt. Das sind gleichsam die Narben, die das Mobbing hinterlassen hat. Sie spiegeln sich wider in der Art, wie wir uns heute verhalten, in den Gedanken, die wir denken, und den Gefühlen, die wir fühlen.

Mobbing hinterlässt tiefe Narben, die auch noch fünf, zehn oder zwanzig Jahre später prägen, wie wir uns verhalten, denken und fühlen.

Irgendwie ist es also doch noch da, unser Ich von damals. Es lebt in den Narben, die wir davongetragen haben und noch heute mit uns führen. Es lebt in den Erinnerungen an unsere Schulzeit und in den starken Gefühlen, die wir mit dem Mobbing verbinden: Dies alles ist lebendig, ist ein Teil von uns – die Verletzungen, die Traurigkeit, der Schmerz, die Angst, die Wut. Die Momente, in denen wir uns so einsam gefühlt und gewünscht haben, jemand wäre da, um uns zu trösten, uns Geborgenheit zu schenken, uns zu unterstützen. Der unbändige Wunsch, einmal dazuzugehören, mit anderen zu lachen und Spaß zu haben. Und ja, auch in der Hoffnung, dass es irgendwann besser wird. Unser Ich von damals lebt weiter in uns – in Form all dieser Empfindungen.

Unser Ich von damals lebt in unseren Erinnerungen und Gefühlen weiter.

Wir haben schon darüber gesprochen, wie wir es schaffen können, die Spätfolgen zu erkennen und mit ihnen umzugehen. Die Wunden, die Mobbing hinterlässt, heilen oft nur sehr langsam. Und leider gibt es keine Wunder-Narbensalbe, die auch die letzte Spur beseitigen könnte. Natürlich kann eine zerbrochene Vase geklebt werden, doch die Risse werden immer sichtbar sein. Und es bietet nur wenig Trost, dass diese Risse ein Teil von uns sind. Aber es gibt Wege, nicht nur mit den Wunden zu leben, sondern sie auch zu heilen und beim Vernarben zu helfen. Die Nachricht meiner Mitschülerin hat das geschafft. Sie hat mein Ich von damals erreicht, sich angefühlt wie ein Pflaster auf den Verletzungen von damals, wie heilende Salbe auf den Narben von heute. Falls du das liest: danke! Du ahnst gar nicht, wie gut das tut.

Ihr Lieben, wollen wir ein Experiment wagen?

- » **Mobbing hinterlässt tiefe Narben, die häufig nur sehr langsam heilen.**
- » **Sie beeinflussen, wie wir handeln, denken und fühlen.**
- » **Unser Ich von damals begleitet uns noch heute.**
- » **Es lebt in den Erinnerungen an damals und den damit verbundenen Gefühlen.**

ÜBUNG: EIN BRIEF AN MICH

Dein Ich von damals ist nach wie vor verletzt. Niemand hat sich jemals bei ihm entschuldigt. Niemand hat jemals zu ihm gesagt: »Es tut mir leid, was passiert ist und was du durchmachen musstest. Das hast du nicht verdient, das hat niemand verdient.«

Wie wäre es, wenn du das selbst übernimmst? Wenn du das einfach einmal selbst zu dir sagst? Denn so kannst du ein Pflaster auf die Verletzungen von damals legen, die heute deine Narben sind. Du kannst dir hier und jetzt eigenständig die Zuwendung und den Trost geben, der dir damals in dieser so belastenden Situation gefehlt hat. Ja, natürlich, die Entschuldigung müsste eigentlich von deinen Mobber*innen kommen. Nur diese haben deinem Ich von damals Leid zugefügt. Aber du weißt, dass das (wahrscheinlich) nicht passieren wird. Du könntest dich also stellvertretend für sie entschuldigen – denn ganz unabhängig davon, ob diese Personen sich bei dir entschuldigen wollen: Dein Ich von damals hat diese Entschuldigung verdient.

AUFGABE: Schreibe einen Brief an dein Ich von damals.

Hilfsmittel:

- **EIN STIFT.** Vielleicht in einer Farbe, die dein Ich von damals besonders gern mag. Blau? Rot? Ein goldener Glitzerstift? Ich würde Grün nehmen. Mein Ich von damals liebt Grün.
- **BRIEFPAPIER.** Das Schönste, das du hast! Schließlich schreibst du einem alten Freund, den du lange nicht gesehen hast. (Wenn du kein Briefpapier hast, tut es aber bestimmt auch ein ganz normaler Zettel.)
- **OPTIONAL:** Briefumschlag und Briefmarke
- **OPTIMAL:** Viel Zeit und Ruhe.

Ablauf:

SCHRITT 1: Stell dir vor, dein Ich von damals ist ein*e gute*r Freund*in von dir, dem*der es gerade sehr schlecht geht. Überlege dir, wie genau es ihm*ihr gerade geht und in welcher Situation du ihn*sie antriffst: Was sind drängende Ängste, Wünsche und Sorgen? Welches Gefühl beherrscht ihn*sie? Ist er*sie wütend, traurig oder erschöpft? Signalisiere durch deine Worte, dass du Verständnis für diese negativen Gefühle hast und da bist, um zuzuhören. So könntest du anfangen:

Liebes Ich von damals,
ich weiß ja, dein Kopf ist gerade voller Sorgen. Du fühlst dich so einsam, weil du keine Freunde in der Schule hast. Du hast jeden Abend Angst einzuschlafen, weil das heißt, am nächsten Tag wieder aufstehen und in die Schule gehen zu müssen. Du würdest am liebsten ...

SCHRITT 2: Überlege dir, wie du Unterstützung vermitteln könntest. Du könntest ...

- **AUF AKUTE PROBLEME EINGEHEN UND MITGEFÜHL ZEIGEN:** *Es ist schrecklich, was dir da angetan wird! Das hast du nicht verdient.*
- **TROST SPENDEN UND MUT MACHEN:** *Alles wird gut. Wirklich, ich weiß, wovon ich rede. Es hört irgendwann auf!*
- **DU KÖNNTEST SAGEN, WAS DU BESONDERS GERN MAGST:** *Du bist so ein neugieriger, empathischer und feinfühliger Junge. Leg das nie ab, hörst du?*

Was hättest du hören mögen, damit es dir besser geht? Denk dich mal zurück in die Situation: Was hat man zu dir gesagt?

SIGNALISIERE VERSTÄNDNIS: Hat man dir das Gefühl gegeben, dass deine Existenz eine Last für andere ist? Dass du anderen etwas wegnimmst? Dass du nur im Weg bist? Dass es besser wäre, wenn du nicht da wärst? Dann sag zu deinem Ich von damals:

- *Es ist gut, dass du da bist. Du bist eine Bereicherung für das Leben vieler.*
- *Du darfst Platz in der Welt einnehmen.*
- *Du bist keine Last.*
- *Du bist nicht im Weg.*
- *Du darfst Bedürfnisse haben. Du darfst sie äußern. Du darfst sie erfüllen.*
- *Du darfst fühlen, egal, was du fühlst.*

SIGNALISIERE EMPATHIE: Hattest du Angst? Das Gefühl, ständig in Gefahr zu sein? Dass du nirgendwo sicher bist? Dann sag zu deinem Ich von damals:

- *Du bist jetzt sicher.*
- *Niemand kann dir etwas anhaben.*
- *Ruh dich aus.*
- *Du darfst dich verwundbar zeigen.*
- *Du darfst weinen.*

SIGNALISIERE, DASS AUCH ANDEREN SO ETWAS PASSIERT: Hat man dir das Gefühl gegeben, dass du nicht okay bist, so wie du bist? Dass du die Dinge, die du magst, nicht mögen darfst? Dass du die Dinge, von denen du dachtest, du könntest sie gut, nicht kannst? Dass du selbst schuld bist, gemobbt zu werden, wenn du so bist, wie du bist? Dann sag zu deinem Ich von damals:

- *Du kannst vieles gut.*
- *Du darfst Dinge mögen oder interessant finden – egal, was andere davon halten.*
- *Du darfst deine Meinung sagen.*
- *Du musst dich für nichts schämen.*
- *Du bist nicht schuld.*
- *Du bist gut, so wie du bist.*

SIGNALISIERE ZUNEIGUNG: Hat man dir das Gefühl gegeben, dass niemand dich mag? Dass es gar nichts Liebenswertes an dir gibt? Dass du nichts wert bist? Dann sag deinem Ich von damals:

- » *Du bist liebenswert.*
- » *Es gibt Menschen, die dich lieben, auch wenn du das nicht denkst.*
- » *Du bist wertvoll.*
- » *Ich bin stolz auf dich.*

ENTSCHULDIGE DICH STELLVERTRETEND:

- » *Tut mir leid, dass du das ertragen musstest, Kleiner.*

VERABSCHIEDE DICH FREUNDLICH:

- » *Es war schön, zu dir zu sprechen und ich hoffe, dass meine Worte dir ein bisschen Trost und Hoffnung spenden konnten.*
- » *Pass auf dich auf und bis bald!*

SCHRITT 3: Verschließe den Brief und adressiere ihn an dein Ich von damals. Bei mir steht da: An Norman Wolf (12). Wenn du magst, kannst du sogar eine Briefmarke draufkleben. Was jetzt? Das liegt ganz bei dir. Du könntest deinen Brief unter dein Kopfkissen legen oder ihn an einen Luftballon binden und in den Himmel steigen lassen. Er wird dein Ich von damals auf allen Wegen erreichen. Da bin ich mir sicher.

Ziele:

- » Dir selbst in einer emotional belastenden Phase deines Lebens beistehen.
- » Ein Pflaster auf die Verletzungen von damals kleben.
- » Deine Narben als Teil von dir und deinem Leben akzeptieren.
- » Die Spätfolgen von Mobbing lindern.

DU BIST WERTVOLL

Ich wünschte, ich könnte in der Zeit zurückreisen und mit dem Jungen sprechen, der vor dem Spiegel steht und sich überlegt, wie es wäre, tot zu sein. Ich möchte diesem Norman Wolf (12) so viel sagen: Es wird besser und irgendwann hört es auf. Du bist gut so, wie du bist. Ändere dich für niemanden. Es gibt Menschen, die dich lieben – genau so, wie du bist. Und du ahnst gar nicht, wie viele davon du noch treffen wirst. Deine zukünftige beste Freundin wird dich durch die verrückteste Zeit deines Lebens begleiten. Du wirst einen Freund haben, der dich über alles liebt. Du darfst Pokémon mögen, das ist okay. Du darfst nachts mit deinen Kuscheltieren kuscheln und deine Hörspiele hören, ohne dich dafür schämen zu müssen. Und keine Angst: Du lernst noch, wie man eine Schleife bindet (ziemlich bald sogar). Drück unseren Opa noch mal von mir und sag ihm Danke, dass er immer für uns da war. Und weißt du was? Weißt du, was am wichtigsten ist? Du bist wertvoll, auch wenn du das nicht glaubst.

Und das gilt auch für dich! Für jeden Einzelnen, der das hier liest. Lass dir nicht einreden, dass du wertlos, unwichtig oder nutzlos bist. Es gibt Dinge, die (nur) du kannst. Es gibt Seiten an dir, die schön sind. Es gibt Menschen in deinem Leben, die dich lieben.

Dich gibt es genau einmal auf der Welt, es gibt keinen zweiten Menschen wie dich, du bist das einzige Exemplar von dir, einzigartig, ein Unikat, etwas Besonderes, eine einmalige Komposition von Charakterzügen, geformt durch deine individuelle Geschichte, durch nichts und niemanden ersetzbar. Wie zur Hölle kommst du darauf, dass du nichts wert sein könntest? Du bist wertvoll!

Also bitte halte durch. Lass dich nicht kleinkriegen. Lass dich fest umarmen, wenn du Angst hast, schrei laut in dein Kissen, wenn du wütend bist, und wirf dich heulend aufs Bett, wenn du traurig bist. Und dann steh wieder auf. Wisch dir die letzte Träne aus dem Auge, putz dir kräftig die Nase und mach weiter. Denn irgendwann wirst du all das hinter dir lassen. Wahrscheinlich nicht morgen, vielleicht nicht nächste Woche. Doch irgendwann lässt du all diese Vollidioten hinter dir. Und bis dahin hältst du durch, okay?

Ich glaube an dich.

DANKE

Danke an Ariane Novel, meine großartige Lektorin, die nicht nur die Idee für dieses Buch hatte, sondern auch mit viel Geduld und den nötigen Arschtritten dafür gesorgt hat, dass es fertig wird. Danke an Caroline Draeger, meine tolle Redakteurin, für ihr Feingefühl und ihre Empathie, mit der sie dieses Manuskript so wunderbar ergänzt hat. Und an den ganzen mvg Verlag: Danke für euer Vertrauen in mich!

Danke an alle, die sich aktiv gegen Mobbing einsetzen. An alle Eltern, die sich für ihre Kinder stark machen. An alle Lehrer*innen, die die Sorgen und das Leid ihrer Schüler*innen ernst nehmen. Und an alle Mitschüler*innen, die nicht tatenlos zusehen, sondern eingreifen, wenn Unrecht geschieht – obwohl sie Angst haben.

An alle Menschen, die unter Mobbing oder den Spätfolgen leiden: Danke, dass ihr durchhaltet!

Danke an meinen Opa, der mich durch die schwere Zeit des Mobbings getragen hat. Du hast mich geliebt, genau so, wie ich war. Bei dir konnte ich mich ausweinen, sicher fühlen, auftanken. Danke, Opi! Du warst meine Rettung.

Danke an die Menschen in meinem Leben, die mich so nehmen, wie ich bin. Die sagen: Wir lieben dich. Weil du du bist. Ihr heilt meine Narben. Dank euch kann ich jeden Tag ein wenig mehr sagen: Ich mag mich. Ich bin gut so, wie ich bin, mit all meinen Ecken und Kanten.

Und schließlich danke an: mich. Von vor fünfzehn Jahren. Danke, dass du durchgehalten hast, Kurzer.

HILFE ERHALTEN

PERSÖNLICHE ANLAUFSTELLEN:

- Akute Selbstgefährdung (zum Beispiel Suizidgefahr): Notaufnahme einer psychiatrischen Klinik
- Sozialpsychiatrischer Dienst (Beratung und gegebenenfalls Weiterleitung von Menschen in psychischen Krisen; pro Stadt/Bezirk, einfach per Google ermitteln)
- Psychotherapeut*innen (Erstgespräche unter 1161 17 vermittelt ODER bei Therapeut*innen direkt anrufen ODER bei Hausärzt*innen nachfragen ODER über Terminservicestellen: www.kbv.de/html/terminservicestellen.php)
- Die passende Beratungsstelle (unter www.dajeb.de per Postleitzahl und Art der gewünschten Beratung ein Beratungsangebot für dein Anliegen in deiner Nähe finden)
- Die passende Selbsthilfegruppe (unter www.schon-mal-an-selbsthilfegruppen-gedacht.de die passende Selbsthilfegruppe in deiner Nähe finden)
- Eine queere Beratungsstelle (unter www.vlsp.de/beratung-therapie/angebote ein Beratungsangebot für queere Menschen in deiner Nähe finden)
- Queere Jugendgruppen (regional sehr unterschiedliche Angebote; einfach per Google ermitteln; häufig an große Vereine wie Deutsche Aidshilfe e. V. angegliedert)

RUFNUMMERN:

Alle Themen (deutschlandweit, kostenlos, anonym):

- Kinder- und Jugendtelefon: 0800-1110333 / 116 111 (montags bis freitags von 14–20 Uhr; samstags: Jugendliche beraten Jugendliche; E-Mail-Beratung: nummergegenkummer.de)

- Telefonseelsorge: 0800-1110111 / 116 123 (rund um die Uhr erreichbar; E-Mail- und Chatberatung: online.telefonseelsorge.de)
- Elterntelefon: 0800-1110550 (montags bis freitags von 9–17 Uhr; dienstags und donnerstags bis 19 Uhr)

Krisen & Notfälle:

- Akute Selbstgefährdung: 112
- Akute Fremdgefährdung (zum Beispiel bei Gewaltandrohung): 110
- Ärztlicher Notdienst: 1161 17
- Opfer-Telefon: 116006 (Hilfe für Kriminalitätsopfer)

(Cyber-)Mobbing:

- Telefonische Beratung durch Schulpsycholog*innen (Verzeichnis aller schulpsychologischen Beratungsstellen in Deutschland unter www.schulpsychologie.de)
- No-Mobbing-Telefon: 0451-84040 (dienstags von 17–19 Uhr; Erstberatung kostenlos; für Betroffene von Mobbing am Arbeitsplatz)
- Hilfetelefon Sexueller Missbrauch: 0800-2255530 (Beratung bei Cybermobbing/sexuellen Übergriffen im Netz; montags, mittwochs und freitags 9–14 Uhr, dienstags und donnerstags 15–20 Uhr; E-Mail-Beratung: beratung@save-me-online.de)

LGBTIAQ:

- LGBT-Helpline: 0800-133133 (montags bis donnerstags von 19–21 Uhr; kostenlos aus der Schweiz; E-Mail-Beratung: hello@lgbt-helpline.ch; Beratung durch Jugendliche und junge Erwachsene: www.du-bist-du.ch/beratung)
- AIDS-Hilfe: 0180-3319411 (Beratung zu HIV, Safer-Sex, sexuelle Orientierung und Diskriminierung; montags bis freitags von 9–21 Uhr, samstags und sonntags von 12–14 Uhr; E-Mail- und Chatberatung: www.aidshilfe-beratung.de/)

- Rosa Strippe: 0234-19446 (montags bis donnerstags von 16–20 Uhr; E-Mail-Beratung: www.rosastrippe.beranet.info)
- In & Out: 030-67122671 (queere Jugendliche beraten Jugendliche; nach Terminvereinbarung; E-Mail-Beratung: help@comingout.de; Chatberatung: www.comingout.de/beratung/#chat)

Österreich (kostenlos, anonym):

- Telefonseelsorge: 142 (E-Mail- und Chatberatung: onlineberatung-telefonseelsorge.at)
- Rat auf Draht: 147 (E-Mail- und Chatberatung: rataufdraht.at)

Schweiz (kostenlos, anonym):

- Die Dargebotene Hand: 143 (E-Mail- und Chatberatung: 143.ch)
- Kinder-/Jugendnotruf: 147 (E-Mail- und Chatberatung: 147.ch; montags und donnerstags: Jugendliche beraten Jugendliche)

Südtirol:

- Telefonseelsorge: 0471-052052 / 800-851097 (E-Mail-Beratung: telefonseelsorge-online.bz.it)
- Jugendtelefon: 0471-1551551 (E-Mail-Beratung: online@young-direct.it; WhatsApp-Beratung: 3450817056)
- Elterntelefon: 800-892829 (E-Mail-Beratung: beratung@elterntelefon.it)

WEBSITES:

Alle Themen (kostenlos, anonym):

- www.youth-life-line.de (E-Mail-Beratung; Jugendliche beraten Jugendliche)
- www.u25-deutschland.de (E-Mail-Beratung mit Schwerpunkt Suizidprävention; Jugendliche beraten Jugendliche)

- www.jugendnotmail.de (Chatberatung durch Psycholog*innen und Sozialpädagog*innen; für Jugendliche bis 19 Jahre; dienstags von 17–19 Uhr, donnerstags von 19–21 Uhr, freitags von 18–20 Uhr)
- www.bke-jugendberatung.de (E-Mail- und Chatberatung durch erfahrene Berater*innen; Forum; Gruppenchats mit anderen Jugendlichen)
- www.profamilia.de/interaktiv/online-beratung (E-Mail-Beratung durch ausgebildete Berater*innen mit Schwerpunkt Partnerschaft und Sexualität)
- www.sorgen-tagebuch.de (E-Mail-Beratung in Form eines Online-Tagebuchs; Beratung durch nicht ausgebildete Berater*innen)

Mobbing:

- www.schulpsychologie.de (E-Mail-Beratung für Schüler*innen, Eltern und Lehrkräfte durch praktizierende Schulpsycholog*innen; kostenlos und anonym)
- www.no-blame-approach.de (Informationen zum No-Blame-Approach)

Cybermobbing:

- www.buendnis-gegen-cybermobbing.de
- www.klicksafe.de
- www.saferinternet.at
- www.kompass-social.media (bewertet Social-Media-Apps bezüglich Einstellungen, Meldesystem und Datenschutz)
- www.JUUUPORT.de (Jugendliche beraten Jugendliche; E-Mail-Beratung; WhatsApp-Beratung; montags bis freitags von 18–20 Uhr; kostenlos und anonym)
- www.jugend.support (vermittelt Infos und Beratung an Jugendliche bei Problemen im Netz)

APPS:

Entspannung:

- Headspace (Achtsamkeit)
- Mindshine (Achtsamkeit; Selbstwertgefühl)
- Calm (Achtsamkeit; Selbstwertgefühl)
- Antistress (Fidget-Spiele)

Mobbing:

- Hassmelden (zentrale Meldestelle für Hasskommentare im Netz; erstattet für dich Strafanzeige; anonym und kostenlos)

Psychische Gesundheit:

- Selfapy (Onlinekurs bei Depression)
- moodgym (Selbsthilfe bei depressiven und ängstlichen Verstimmungen)
- 7Mind (achtsamkeitsbasiertes Stressmanagement)
- Calm Harm (Strategien zur Gefühlsregulation bei Selbstverletzungsverlangen)
- Daylio Tagebuch (Stimmungstagebuch)
- Reflectly (Stimmungstagebuch)
- I am (positive Selbstbotschaften)

QUELLEN

Fachbücher:

American Psychiatric Association. (2018). *Diagnostisches und Statistisches Manual Psychischer Störungen DSM-5®: Deutsche Ausgabe herausgegeben von P. Falkai und H.-U. Wittchen, mitherausgegeben von M. Döpfner, W. Gaebel, W. Maier, W. Rief, H. Saß und M. Zaudig* (P. Falkai, H.-U. Wittchen, M. Döpfner, W. Gaebel, W. Maier, W. Rief, ... M. Zaudig, Eds.). Göttingen, Germany: Hogrefe Verlag.

Beck, A. T. (1976). *Cognitive therapy & the emotional disorders*. Madison, WI, USA: International Universities Press.

Berking, M. (2017). *Training Emotionaler Kompetenzen* (4. Aufl.). Heidelberg: Springer.

Biegel, G. M. (2013). *Mindfulness-based stress reduction for teens: How you can use mindfulness to stop stressing*. Oakland, CA: New Harbinger Publications.

Blum, H., & Beck, D. (2016). *No Blame Approach: Mobbing-Intervention in der Schule – Praxishandbuch*. Köln: fairaend.

Bundesinstitut für Arzneimittel und Medizinprodukte (BfArM) im Auftrag des Bundesministeriums für Gesundheit (BMG) unter Beteiligung der Arbeitsgruppe ICD des Kuratoriums für Fragen der Klassifikation im Gesundheitswesen (KKG). (2020). *ICD-10-GM Version 2021, Systematisches Verzeichnis, Internationale statistische Klassifikation der Krankheiten und verwandter Gesundheitsprobleme, 10. Revision, Stand: 18. September 2020*. Köln.

Hess, M., & Scheithauer, H. (2015). Bullying. In *Handbook of Adolescent Behavioral Problems* (S. 429–443). Boston, MA: Springer US.

Hogg, M., & Vaughan, G. (2017). *Social Psychology* (8th ed.). London, England: Pearson Education.

Lösel, F., Bliesener, T., & Köferl, P. (1990). Psychische Gesundheit trotz Risikobelastung in der Kindheit: Untersuchungen zur »Invulnerabilität«. In *Krankheitsverarbeitung bei Kindern und Jugendlichen* (S. 103–123). Heidelberg: Springer.

Meschkutat, B., Stackelbreck, M., & Langenhoff, G. (2002). *Der Mobbing-Report: Repräsentativstudie für die Bundesrepublik Deutschland*. Bremen: Fachverlag NW in Carl Ed. Schünemann.

Olweus, D. (2002). *Gewalt in der Schule: Was Lehrer und Eltern wissen sollten – und tun können* (4. Aufl.). Bern, Schweiz: Huber.

Olweus, D. (2006). Täter-Opfer-Probleme in der Schule: Erkenntnisstand und Interventionsprogramm. In *Forschung über Gewalt an Schulen. Erscheinungsformen und Ursachen, Konzepte und Prävention* (S. 281–297). Weinheim: Juventa.

Olweus, D., & Limber, S. P. (2019). The Olweus bullying prevention program (OBPP). In *Making an Impact on School Bullying* (S. 23–44). Abingdon, Oxon : Routledge.

Pinel, J. P. J., & Barnes, S. (2018). *Biopsychology* (10th ed.). Pearson.

Politi, S. (2020). Was ist Mobbing und wie kann man es erkennen? In: *Mobbing an Schulen* (S. 1–18). Wiesbaden: Springer Fachmedien Wiesbaden.

Porsch, T., & Pieschl, S. (Hrsg.). (2014). *Neue Medien und deren Schatten: Mediennutzung, Medienwirkung und Medienkompetenz* (1. Aufl.). Göttingen: Hogrefe Verlag.

Spröber, N., Schlottke, P. F., & Hautzinger, M. (2008). *Bullying in der Schule: Das Präventions- und Interventionsprogramm ProACT + E. Mit CD-ROM und DVD*. Weinheim: Julius Beltz.

Wissenschaftliche Studien:

Ahuja, A., Webster, C., Gibson, N., Brewer, A., Toledo, S. & Russell, S. (2015). Bullying and suicide: The mental health crisis of LGBTQ youth and how you can help. *Journal of Gay & Lesbian Mental Health, 19* (2), 125–144.

Aldao, A., Nolen-Hoeksema, S. & Schweizer, S. (2010). Emotion-regulation strategies across psychopathology: A meta-analytic review. *Clinical Psychology Review, 30* (2), 217–237.

Berlan, E. D., Corliss, H. L., Field, A. E., Goodman, E. & Austin, S. B. (2010). Sexual orientation and bullying among adolescents in the growing up today study. *The Journal of Adolescent Health: Official Publication of the Society for Adolescent Medicine, 46* (4), 366–371.

Craig, W., Harel-Fisch, Y., Fogel-Grinvald, H., Dostaler, S., Hetland, J., Simons-Morton, B., ... HBSC Bullying Writing Group. (2009). A cross-national profile of bullying and victimization among adolescents in 40 countries. *International Journal of Public Health, 54 Suppl. 2*, 216–224.

Gaffney, H., Farrington, D. P., Espelage, D. L. & Ttofi, M. M. (2019). Are cyberbullying intervention and prevention programs effective? A systematic and meta-analytical review. *Aggression and Violent Behavior*, *45*, 134–153.

Gaffney, H., Ttofi, M. M. & Farrington, D. P. (2019). Evaluating the effectiveness of school-bullying prevention programs: An updated meta-analytical review. *Aggression and Violent Behavior*, *45*, 111–133.

Georgiou, S. N., Ioannou, M. & Stavrinides, P. (2017). Parenting styles and bullying at school: The mediating role of locus of control. *International Journal of School & Educational Psychology*, *5* (4), 226–242.

Gong, X., Huebner, E. S. & Tian, L. (2021). Bullying victimization and developmental trajectories of internalizing and externalizing problems: The moderating role of locus of control among children. *Research on Child and Adolescent Psychopathology*, *49* (3), 351–366.

Kahle, L. (2020). Are sexual minorities more at risk? Bullying victimization among lesbian, gay, bisexual, and questioning youth. *Journal of Interpersonal Violence*, *35* (21–22), 4960–4978.

Miller, G. E., Chen, E. & Zhou, E. S. (2007). If it goes up, must it come down? Chronic stress and the hypothalamic-pituitary-adrenocortical axis in humans. *Psychological Bulletin*, *133* (1), 25–45.

Modecki, K. L., Minchin, J., Harbaugh, A. G., Guerra, N. G., & Runions, K. C. (2014). Bullying prevalence across contexts: a meta-analysis measuring cyber and traditional bullying. *The Journal of Adolescent Health: Official Publication of the Society for Adolescent Medicine*, *55* (5), 602–611.

Morton, M. L., Helminen, E. C. & Felver, J. C. (2020). A systematic review of mindfulness interventions on psychophysiological responses to acute stress. *Mindfulness*, *11* (9), 2039–2054.

Oaten, M. & Cheng, K. (2006). Longitudinal gains in self-regulation from regular physical exercise. *British Journal of Health Psychology*, *11* (Pt 4), 717–733.

Olweus, D. & Limber, S. P. (2018). Some problems with cyberbullying research. *Current opinion in psychology*, *19*, 139–143.

Samson, A. C. & Gross, J. J. (2012). Humour as emotion regulation: the differential consequences of negative versus positive humour. *Cognition & Emotion*, *26* (2), 375–384.

Scheithauer, H., Hayer, T. & Bull, H. D. (2007). Gewalt an Schulen am Beispiel von Bullying. *Zeitschrift für Sozialpsychologie, 38* (3), 141–152.

Seligman, M. E., Maier, S. F. & Geer, J. H. (1968). Alleviation of learned helplessness in the dog. *Journal of Abnormal Psychology, 73* (3, Pt.1), 256–262.

Sharman, L. S., Dingle, G. A., Vingerhoets, A. J. J. M. & Vanman, E. J. (2020). Using crying to cope: Physiological responses to stress following tears of sadness. *Emotion (Washington, D.C.), 20* (7), 1279–1291.

Sheppes, G., Scheibe, S., Suri, G., & Gross, J. J. (2011). Emotion-regulation choice. *Psychological Science, 22* (11), 1391–1396.

Smith, H., Polenik, K., Nakasita, S. & Jones, A. P. (2012). Profiling social, emotional and behavioural difficulties of children involved in direct and indirect bullying behaviours. *Emotional and Behavioural Difficulties: The Journal of the Association of Workers for Children with Emotional and Behavioural Difficulties, 17* (3–4), 243–257.

Sowislo, J. F. & Orth, U. (2013). Does low self-esteem predict depression and anxiety? A meta-analysis of longitudinal studies. *Psychological Bulletin, 139* (1), 213–240.

Tsaousis, I. (2016). The relationship of self-esteem to bullying perpetration and peer victimization among schoolchildren and adolescents: A meta-analytic review. *Aggression and Violent Behavior, 31*, 186–199.

Ttofi, M. M. & Farrington, D. P. (2011). Effectiveness of school-based programs to reduce bullying: a systematic and meta-analytic review. *Journal of Experimental Criminology, 7* (1), 27–56.

Walker, M. P. (2009). The role of sleep in cognition and emotion. *Annals of the New York Academy of Sciences, 1156* (1), 168–197.

Werner, E. E. (1993). Risk, resilience, and recovery: Perspectives from the Kauai Longitudinal Study. *Development and Psychopathology, 5* (4), 503–515.

Wolke, D. & Lereya, S. T. (2015). Long-term effects of bullying. *Archives of Disease in Childhood, 100* (9), 879–885.

Online-Ressourcen:

Bündnis gegen Cybermobbing. Cyberlife III: Spannungsfeld zwischen Faszination und Gefahr, Cybermobbing bei Schülerinnen und Schülern. Abgerufen am 11. Dezember 2020, von Buendnis-gegen-cybermobbing.de Website: https://

www.buendnis-gegen-cybermobbing.de/fileadmin/pdf/studien/Cyberlife_Studie_2020_END1__1_.pdf

Centers for Disease Control and Prevention. The Relationship Between Bullying and Suicide: What We Know and What it Means for Schools. Abgerufen am 16. Januar 2021, von Cdc.gov Website: https://www.cdc.gov/violenceprevention/pdf/bullying-suicide-translation-final-a.pdf

Megan Meier Foundation. Statistics. Abgerufen am 12. Januar 2021, von Meganmeierfoundation.org Website: https://www.meganmeierfoundation.org/statistics

The Trevor Project. National Survey on LGBTQ Youth Mental Health 2020. Abgerufen am 16. Januar 2021, von Thetrevorproject.org Website: https://www.thetrevorproject.org/survey-2020/

Zitatnachweis (S. 13):

Benjamin Alire Sáenz: Aristoteles und Dante entdecken die Geheimnisse des Universums. © 2014, Thienemann in der Thienemann-Esslinger Verlag GmbH, Stuttgart

Über den Autor:

Norman Wolf (geb. 1993) studierte Psychologie in Marburg. Er twittert als @deinTherapeut zu Mental-Health-Themen und 2018 wurde er mit dem Goldenen Blogger ausgezeichnet. Als Berater bei der »Nummer gegen Kummer« half er Kindern und Jugendlichen, die unter Mobbing litten. In seinem ersten Buch *Die Fische schlafen noch*, das 2019 bei mvg erschienen ist, erzählt er von der Suche nach seinem obdachlosen Vater. Er lebt in Frankfurt und arbeitet als psychosozialer Berater bei der AIDS-Hilfe.